यातनाघर

उपन्यास

यातनाघर

गिरिराज किशोर

राजपाल

स्थापित 1912
100 वर्षों की
श्रेष्ठ प्रकाशन परम्परा
राजपाल

₹ 235

ISBN : 9788170289494

प्रथम राजपाल संस्करण : 2011, आवृत्ति : 2016

YATNAGHAR (Novel) by Giriraj Kishor

मुद्रक : दीपिका एन्टरप्राइज़ेज, दिल्ली

राजपाल एण्ड सन्ज़

1590, मदरसा रोड, कश्मीरी गेट-दिल्ली-110006

फोन: 011-23869812, 23865483, फैक्स: 011-23867791

e-mail : sales@rajpalpublishing.com

www.rajpalpublishing.com

www.facebook.com/rajpalandsons

उपन्यास, उपन्यासकार और कुछ नोट्स

कुछ महीने पूर्व मैं 'हंस' कार्यालय में बैठा था। दूधनाथ सिंह भी थे। पता चला मुंबई से सुरेंद्र वर्मा आए हुए हैं। इत्तफाक से उसी समय सुरेंद्र वर्मा भी आ गए। बहुत दिन बाद मुलाकात हुई थी। जब वे दिल्ली में थे तो अक्सर मुलाकात होती थी। एक-दो बार राजेंद्र यादव के साथ ही उनके घर भी जा चुका था। राजेंद्र यादव का यह ठिया एक ऐसा स्थल है जहाँ बिछुड़ों से मुलाकात भी होती है और कई बार बनती-बिगड़ती भी है। लेकिन न राजेंद्र यादव पर इसका असर पड़ता है और न आने-जानेवालों पर। गाड़ी चलती रहती है।

सुरेंद्र वर्मा वैसे तो नाटककार के रूप में ही प्रसिद्ध हैं लेकिन इधर उनका उपन्यास 'मुझे चाँद चाहिए' काफी पापुलर हुआ। 'आजकल' में 1995 के साहित्य के सर्वे में लिखा था कि उस उपन्यास की ढाई सौ खुदरा कापियाँ बिकीं। हालाँकि मुझे लगा यह प्रिंटिंग मिस्टेक है। लेकिन खैर ! पता नहीं उसमें काशी हिंदू विश्वविद्यालय के उन छात्रों की गिनती है या नहीं जिन्होंने पाठ्यक्रम के तहत उसे खरीदकर पढ़ा होगा। अगर यह संख्या सही है तो सोचना पड़ता है कि हिंदी की क्या स्थिति हो गई। वैसे आजकल के जमाने में कोई रचना पापुलर हो जाए तो बहुत बड़ी बात है। मैंने सुरेंद्र जी को बधाई दी, इसलिए कि शायद यह उनका पहला ही उपन्यास था। इसके पहले कोई लिखा हो तो मुझे मालूम नहीं।

सुरेंद्र वर्मा धीरे-धीरे बोलते हैं। औपचारिकताओं के आदान-प्रदान के बाद उन्होंने कहना शुरू किया, "जिस पत्रिका को उठाओ उसमें गिरिराज किशोर ! पत्रिका उठाते डर लगता है !" यह बात राजेंद्र भी अक्सर मुझसे कहा करते हैं।

फिर बोले, "ट्रैश !"

मैं हँस दिया। यह एक बहुत बड़ी बात है कि लेखक में यह आत्मविश्वास हो कि वह जो लिखेगा बेहतरीन लिखेगा·····।

थोड़ा रुककर बोले, "बुरा मत मानना !"

"नहीं, मैं बुरा क्यों मानूँगा। आप नहीं कहेंगे तो कौन कहेगा ?" किसी का पहला उपन्यास इस तरह बिके और चर्चित हो तो इतना अधिकार तो उसके पास होना ही चाहिए कि वह दूसरों का चेहरा अपने आईने में देख सके और उसे भी उसका अपना चेहरा उस आईने में दिखा सके।

मैं इस घटना को आक्षेप की दृष्टि से बयान नहीं कर रहा हूँ। यह आत्मविश्वास

क्या अति आत्मविश्वास का परिचायक है ! इस जमाने में किसी लेखक में इतना आत्मविश्वास होना बहुत बड़ी बात है। यह पता चलता है कि सफलता का सुख कितना मादक होता है और भंजक भी। उपन्यास के क्षेत्र में खासतौर से। क्योंकि यह दीर्घ-सूत्री विधा है। इसकी सफलता और असफलता भी दीर्घ-सूत्री होती है। यह सुख अगर किसी लेखक को मिल जाए तो क्या कहने ! वही इस सुख को समझ सकता है जो किसी रचना को लिखकर अपने आत्मविश्वास को उस शीर्ष पर प्रस्थापित कर दे जहाँ से सब बौने दिखाई पड़ें। या फिर वह समझ सकता है जो अपने बौनेपन के साथ उन ऊँचाइयों का सामना कर चुका हो। जहाँ तक मेरा सवाल है, पहला सुख मुझे आज तक प्राप्त नहीं हुआ। हो भी नहीं सकता था। जिन्हें हो चुका उनकी तो बात ही क्या है !

कई बार सोचता हूँ कि मैं अपनी रचनाओं को उस बिंदु पर ले जाकर क्यों नहीं देख पाता जहाँ से और सब रचनाकार और रचनाएँ हेय नजर आती हैं। या तो उसके पीछे मेरी अपनी हीन भावना है या अपनी औपन्यासिक या अन्य रचनाओं में आनेवाले वे कमजोर बिंदु हैं जो मेरे सामने रचना से पहले उसकी कमियों को लाकर खड़ा कर देते हैं। मैं यह कह ही नहीं पाता कि मैंने इस रचना में यह कमाल किया या वो धरती तोड़ी। हर रचना के बाद मैं अपने छोटे होते जाने के अहसास का शिकार हो जाता हूँ। हर पिता अपनी संतान को बहुत प्यार करता है। उसे पसंद भी करता है। उसकी खूबियों पर मरता है। लेकिन कुछ पिता विचित्र होते हैं। अगर कोई उसके बारे में जाकर नकारात्मक बातें कहता है, उसे बताता है कि उसमें यह कमी है, तो वह यह नहीं कह पाता कि 'नहीं, आप गलत कह रहे हैं। मेरा बेटा या बेटी तो पूरे मोहल्ले में अपना सानी नहीं रखते।' मैं भी कुछ-कुछ वैसा ही हूँ। मुझसे मेरे साहित्यिक मित्र जब उपन्यासों या कहानियों के नकारात्मक बिंदु बताते हैं तो मुझे लगता है उनकी सब बातें ठीक हैं। जरूर कोई कमी रह गई है। मैं उन कमियों को तलाशने लगता हूँ। जब कोई तारीफ करता है तो ऐसा नहीं कि मैं खुश नहीं होता। पर मन-ही-मन वे कमियाँ मेरे मस्तिष्क में घूमने लगती हैं जिन्हें शायद उन्होंने नहीं देखा। देखा तो कह नहीं पाए। इस प्रकार के ऊहापोह के बीच फँसा मैं यह तय नहीं कर पाता कि अपनी रचना के प्रति स्वयं न्याय कर रहा हूँ या अन्याय। शायद अपनी रचना के प्रति उतना तटस्थ कोई नहीं हो पाता जितना तटस्थ शब्द स्वयं दीखता है। या तो वह पक्षपाती होता है और कमी को भी खूबी में बदल लेता है, या फिर कमियाँ छानते-छानते खूबियों को भी अनदेखा कर देता है। जब मैं इस दृष्टि से सोचता हूँ तो मैं अपना स्थान न पहले वर्ग में खोज पाता हूँ और न दूसरी श्रेणी में। पर हूँ दूसरी श्रेणी के ही आसपास।

जहाँ तक उपन्यास विधा का प्रश्न है कई बार मुझे यह सोचकर आश्चर्य होता कि कहानी, कविता आदि अन्य विधाओं की अपेक्षा उपन्यास में प्रतिस्पर्धा दिन-पर-दिन कम होती जा रही है। पहले ज्यादा थी। कितने लोग एक साथ उपन्यास लिख रहे थे—यशपाल, अमृतलाल नागर, भगवतीचरण वर्मा, भट्ट जी, अज्ञेय, रांगेय राघव, हजारीप्रसाद द्विवेदी,

अश्क, अमृतराय—एक पूरी कतार थी। उपन्यासकारों की तरह पाठकों के बीच भी पढ़ने की गहमा-गहमी थी। पाठक इन लेखकों के उपन्यासों को पढ़ना गौरव की बात समझते थे। पाँचवें दशक में नरेश मेहता, राजेंद्र यादव, भारती, राकेश, कृष्णा सोबती, वैद आदि को छोड़कर या तो लेखकों ने उपन्यास विधा को छुआ ही नहीं, और छुआ तो बहुत कम या बेमन से। कहानी का ज्यादा शोर मचा। कई बार मैं सोचता हूँ, जब उपन्यास की इतनी सशक्त परंपरा चलती चली आ रही थी तो पाँचवें दशक के बाद यह समाप्तप्राय क्यों हो गई ? यहाँ तक कि लेखक प्रकाशकों से मिलकर अपनी लंबी कहानियों को लघु-उपन्यास के रूप में छपवाने लगे। कहीं ऐसा तो नहीं कि पाँचवें दशक से जुड़ी पीढ़ी उपन्यास लिखने से हिचकती थी ? उसके पास या तो अनुभव उस स्तर का नहीं था जो उनसे उपन्यास लिखा लेता, या फिर नाम कमाने की जल्दी में एक ऐसी विधा को नजरअंदाज कर रहे थे जो उनको स्थायित्व दे सकती थी ? या वे ज्यादा चालाक थे, छोटी पूँजी से ज्यादा लाभ उठाना चाहते थे ? इसका कुप्रभाव बाद में आनेवाली पीढ़ी पर भी पड़ा। आज तक यह प्रवृत्ति चलती आ रही है कि चार-छह कहानियाँ बढ़िया लिख लेने पर भी ज्यादातर कहानीकार उपन्यास को छूने से डरते हैं। या फिर लिखना ही बंद कर देते हैं।

एक विचित्र घटना घटी। पिछले वर्ष मैं एक पुरस्कार समिति की जूरी में था। मैंने एक बहुत महत्त्वपूर्ण कहानीकार का नाम प्रस्तावित किया तो जूरी के अन्य सदस्यों ने एक स्वर से कहा कि ठीक है, ये कहानीकार बहुत अच्छे हैं पर उन्होंने कोई अच्छा उपन्यास तो लिखा नहीं ! पुरस्कार का सवाल नहीं। उपन्यास लेखक की रचना-धर्मिता की क्षमता नापने की कसौटी भी है। हालाँकि उस लेखक की एक-एक कहानी शायद अनेक उपन्यासों की तुलना में ज्यादा वजनी हो। मेरे लिए वह विचित्र स्थिति थी।

जैसा कि मैंने पहले भी कहा, अच्छे उपन्यास बहुत कम लिखे जा रहे हैं। जो लिखे जा रहे हैं उनमें से अधिकतर स्पर्धा के बाहर हैं। यह सवाल कई बार उठता है कि उपन्यास विधा के हाशिये पर आते जाने का क्या कारण है। क्या इसका कारण यह है कि उपन्यास पढ़ने में पाठकों की रुचि नहीं रह गई ? पर मुझे ऐसा नहीं लगता। पाठक तो उपन्यास माँग-माँगकर पढ़ते हैं। उनकी रुचि भी परिमार्जित हुई है। उन्हें रचना की गुणवत्ता परखने में ज्यादा देर नहीं लगती। रचनाओं के बारे में उनका नजरिया मुझे अक्सर आश्वस्त करता है। दूसरी बात, पाठकों को यह भी शिकायत है कि अधिकतर उपन्यास स्तरीय नहीं होते। इसका कारण यही हो सकता है कि सक्षम कथाकार उपन्यास लिखने से बचते हैं। एक और भी कारण है। कुछ प्रकाशक सरकारी खरीद के लिए पुस्तक छापते हैं और उसका मूल्य बढ़ा-चढ़ाकर रखते हैं। सुना है इस काम में लेना-देना भी बहुत चलता है। सामान्य पाठक उस मूल्य में पुस्तक खरीदने में कठिनाई अनुभव करता है। बल्कि खरीद ही नहीं पाता। अपनी सामर्थ्य के अनुसार जो खरीद पाता है उनमें ज्यादातर वे ही उपन्यास होते हैं जो स्तरीय नहीं होते। यही कारण है कि उपन्यासों की खुदरा बिक्री नहीं हो पाती। यदि दो सौ-ढाई सौ प्रतियाँ बिक गईं तो यह बहुत बड़ी बात नहीं। इतने बड़े हिंदी प्रदेश

में ढाई हजार भी बिक जाएँ तो भी क्या होता है।

सवाल है—लेखक उपन्यास से क्यों बचता है ? इसका मेरा एक व्यक्तिगत आकलन है। किसी भी बड़ी रचना के लिए अनुभव की विपुलता और उसका बहुआयामी होना जरूरी है। हम छोटे-छोटे अनुभवों को लेकर दौड़ पड़ते हैं। वैसे आज के लेखक के पास अनुभव की कमी नहीं। लेकिन उसके विश्लेषण, उसके साथ तादात्म्य, अभिव्यक्ति के लिए भाषा की खोज आदि के लिए जिस धैर्य की आवश्यकता होती है उसकी हमारे पास काफी कमी है। इसके अलावा उपन्यासकार का पात्रों के साथ आंतरिक संवाद भी उस प्रक्रिया का महत्त्वपूर्ण अंग है। यह एक सूक्ष्म प्रक्रिया है। पहले जमाने में एक परिवार में आठ-आठ, दस-दस बच्चे होते थे। जब पिता कहीं से लौटता था, सब बच्चे उसे घेर लेते थे और अपनी-अपनी बात कहने के उतावलेपन में शोर मचाने लगते थे। जो पिता असहिष्णु होता था वह किसी की बात सुनता था, किसी की नहीं। डाटकर भगा देता था। जो पिता धैर्यवान होता था वह उस शोर में भी हर बच्चे की बात में से बात निकाल लेता था। यही लेखक के साथ होता है। कई बार लेखक पात्रजनित संवादों और उनकी प्रतिक्रियाओं को जल्दबाजी में पकड़ नहीं पाता। न वह उनके चेहरों के भाव को पढ़ पाता है। वे भी उसी बृहद् संवाद का अंग ही होते हैं जो उपन्यासकार अपने पात्रों के साथ स्थापित करता है। वह अपने छोटे से छोटे पात्र को भी नजरअंदाज नहीं कर सकता। वैसे भी उपन्यासकार या कहिए कथाकार, इस मामले में बहुत लालची होता है। अगर किसी पात्र के अनुभव का वह एक रचना में उपभोग नहीं कर पाता तो वह उसे नाराज नहीं करता बल्कि उसे किसी दूसरी रचना के लिए आरक्षित कर लेता है। छोड़ता नहीं। यह बात काल्पनिक लग सकती है परंतु यह एक ऐसा अनुभव है जिसे संवेदनशील रचनाकार आसानी से समझ सकता है। सफलता या असफलता की बात से इस बात का कोई संबंध नहीं। उसके मानदंड बिल्कुल अलग होते हैं।

जैसा कि मैंने ऊपर कहा कि पाँचवें दशक के बाद कहानीकार उपन्यास-लेखक की इस दीर्घसूत्री प्रक्रिया से बचने लगा। पाँचवें दशक की इस कथाकार पीढ़ी ने उसे वह शार्टकट दिखा दिया था। क्योंकि इन शार्टकटों ने कुछ लोगों को उनकी यश संबंधी मंजिल तक पहुँचाने में सहायता भी की थी। बहुत से लेखक लंबे रास्तों से चलकर भी वहाँ नहीं पहुँच पाए जहाँ ये लोग पहुँच गए थे। लेकिन क्या साहित्य में कहीं पहुँचना ही सब-कुछ है ? जो नहर की खुदाई में कुदाल चलाते हैं वे भी जल के संवाहक होते हैं। छोटे-बड़े रास्तों पर चलकर अगर कोई किसी शीर्ष पर पहुँच भी जाता है तो उसकी यात्रा पूरी नहीं होती। कई बार एक पर्वतारोही शीर्ष पर पहुँचकर वहीं तूफान में दफन हो जाता है। शीर्ष पर जाकर फिर उसी मूल स्थान पर लौट आना, जो उसकी पहचान है, मंजिल का ही अंग है। आदमी शीर्ष पर पहुँचकर वहीं बना नहीं रह सकता क्योंकि उसकी पहचान उसकी जमीन होती है। एक और बात याद आ रही है। महाप्रस्थान के समय सदेह स्वर्ग पहुँचनेवाले युधिष्ठिर और श्वान ही थे जो अपनी संपूर्ण पहचान के साथ स्वर्ग पहुँचे थे। शेष चारों

पराक्रमी भाई और द्रौपदी अपनी अहंमन्यता, पक्षपात आदि के कारण अपनी पहचान खोकर उन बर्फीले तूफानों में दब गए थे। लेखकों के साथ भी कई बार ऐसा होता है। उनके पूर्वाग्रह उनकी रचनाओं पर हावी हो जाते हैं। रचनाएँ उनके नीचे दबकर दम तोड़ देती हैं। कभी-कभी लगता है कि कई बार लेखक अपनी अहंमन्यता को ही अपनी पहचान समझकर अपने रचना-कर्म के स्वर्ग तक नहीं पहुँच पाता। क्योंकि उपन्यास भी एक दीर्घ यात्रा ही है। इसलिए ऐसे अनेक खतरे उपन्यासकार के मार्ग को अवरुद्ध करते रहते हैं...!

मैं इतना बड़ा लेखक नहीं कि अपने उदाहरण पेश करूँ। उदाहरण देना भी छोटी-मोटी अहंमन्यता का हिस्सा ही है। कई बार ऐसा होता है कि जब कोई लेखक बड़ी चीज लिखता है तो उसका व्यक्ति उसके 'लेखक' में समाविष्ट हो जाता है। हालाँकि लेखन चाहे किसी भी विधा का हो, वह नितांत व्यक्तिगत और ऐकांतिक प्रक्रिया है। कविता का तो मुझे कोई विशेष अनुभव नहीं, लेकिन उपन्यास और कहानी में यह ऐकांतिकता पात्र-संकुल होती है। वे सब आत्मांश ही होते हैं। भले ही वे पात्र आयातित हों। परंतु जब तक वे अपने अंदर समा नहीं जाते तब तक उनके साथ चहल-कदमी करना, रहना, जीना-मरना, साँस लेना सब-कुछ मुश्किल होता है। उन सबका अपने अंदर मौजूद रहना और फिर उन्हें अभिव्यक्ति के स्तर पर पुनरूज्जीवित करना—इससे बड़ा सुख दूसरा नहीं होता। इस सुख को लेखक अक्सर अनुभव नहीं करता। कभी-कभी अनुभव करता है। अपने पात्रों के नाद में डूबने का भी अलग ही आनंद होता है। एक का परिचय दूसरे से मिलता है। एक का स्वर दूसरे से निकलता है। बड़े लेखक इस नाद का एक-एक स्वर अलग कर लेते हैं। हम-जैसे सामान्य लेखक के जितना थोड़ा-बहुत हाथ लग जाए उतना ही बहुत होता है। शुरू-शुरू में कुछ समझ में नहीं आता था। लेकिन बाद में लगा—कितना बचोगे ? इसमें तो डूबना ही पड़ेगा। तब कुछ हाथ लग जाए तो लग जाए। यही तुम्हारी परंपरा है, यही तुम्हारा समाज है, यही अनुभव का केंद्र है और यही सुख-दुःख है। तब कहीं जाकर रास्ता मिलना शुरू हुआ। इस सबके बावजूद लेखक कितना उनका अपना हो पाता है और कितना वे अपना पाते हैं—दोनों के बीच का यही रिश्ता उस सिद्धि का अनुपात तय करता है जो एक उपन्यासकार को उपन्यास के रचने में मिलती है।

अपनी सफलता का ढोल न पीटा जाए और अपने मुँह मियाँ-मिट्ठू न बना जाए तो ऐसे अनेक अनुभव पाठक के साथ बाँटे जा सकते हैं जो एक रचनाकार के संत्रास या आनंद की अनुभव-प्रदक्षिणा का परिचय दे सकते हैं। अपने उपन्यास का हर पात्र मुझे दूर खड़े, पुकारते एक साथी-राहगीर की तरह मिला।

जड़ी-बूटी इकट्ठा करनेवाले खोजी पहाड़ों पर जड़ी-बूटी खोजने जाते हैं। लाठी टेकते हुए, टटोलते हुए, वे पहाड़ों पर चढ़ते रहते हैं। उनकी नजर जड़ी-बूटियाँ खोजती रहती हैं। कई बार ऐसा होता है कि जिस बूटी की उन्हें तलाश होती है वह नहीं मिलती। कोई दूसरी बूटी सिर उठाए उनकी तरफ टुकुर-टुकुर देखती मिल जाती है। उपन्यास-

लेखन भी उन्हीं खोजियों की खोज की तरह है। उपन्यास भी इसी तरह अपने अनुभवों के समकक्ष पात्रों को खोजता रहता है। कई बार वह पकाना कुछ चाहता है, पक कुछ जाता है। दरअसल एक उपन्यासकार अपनी संवेदना की धरती पर अनुभवों, पात्रों, स्थितियों और विचित्रताओं की एक बस्ती बसा लेता है। कई बार वह पुकारता किसी और को है और उपस्थित कोई और ही हो जाता है। इस प्रकार के विचित्र अनुभवों से एक उपन्यासकार का अंतर्मन भरा रहता है।

मैंने कहीं पढ़ा था कि नारद किसी जन्म में दासी-पुत्र थे। यानी शूद्र थे। मुझे इस आख्यान ने बहुत आकर्षित किया। मैं उस पर उपन्यास लिखना चाहता था। उसके लिए मैंने सामग्री इकट्ठी करनी शुरू की। इसी बीच एक दलित ने 'संस्थान' में आत्महत्या कर ली। मेरा मन एकदम बदल गया। मुझे लगा, नारद जिसे तू जानता नहीं, देखा नहीं, उसके पीछे पड़ा है ? जानेगा भी तो इतना ही जानेगा जितना पोथी-पुस्तकों में लिखा है। यह तो सब प्रत्यक्ष है। मैं उस पर काम करने लगा। आवाजें बोलती गईं। रंग बदलते गए। संदर्भ बदल गए। स्थितियाँ केंचुलियाँ धारण किए रहती हैं। जैसे ही केंचुलियाँ उतरती हैं, नए संदर्भ सामने आ खड़े होते हैं। अतः जो उपन्यास लिखा गया वह नारद का नहीं था। वह उन बच्चों का था जो दलित पृष्ठभूमि से आकर एक पॉश संस्थान में सवर्ण मानसिकता से टकरा रहे थे। उसी पृष्ठभूमि से एक दूसरा उपन्यास निकला जो हमारी यथास्थितिवादी मानसिकता का प्रतीक था। हर जगह 'यथा प्रस्तावित' !

उपन्यासों के साथ जीवन की विविधता भी जुड़ी होती है। आप उपन्यास लिखें और उस विविधता को तिलांजलि दे दें, एक बड़े फलक पर यह संभव नहीं हो पाता। जब मैं छोटा था—हमारी हवेली का बड़ा-सा आँगन था। छतें थीं। मैं पलँग पर लेटकर आसमान को देखा करता था। विविध आकार, अलग-अगल रंग, अलग-अलग पक्षी, सीतारामी चिड़ियों की डार-की-डार। बरसात में तो खासतौर से। एक कोने से श्वान की शक्ल का बादल का टुकड़ा चलता था और दूसरे कोने तक पहुँचते-पहुँचते सिंह या हाथी या ऊँट हो जाता था। मैं चकित रह जाता था। तब कहाँ समझ में आता था यह कैसे हुए ? कुछ ऐसा ही अनुभव उपन्यास के क्षेत्र में होता है। आकाश खाली पड़ा है, धीरे-धीरे वह भर जाता है। चींटी के बराबर अनुभव जब बढ़ना शुरू होता है तो क्या से क्या हो जाता है ! कितनी धाराएँ जुड़ जाती हैं ! कौन-कौन मिल जाता है, कुछ पता नहीं चलता। जरा से स्विच से 'इग्नीशन' होता है.....कितनी ऊर्जा, कितनी गति, कितना विस्तार ! उफ्...!

एक बात और लगती है। उपन्यासकार के सब प्रयोग उसके अपने ऊपर होते हैं। हर कहीं मौजूद रहना उसकी अनिवार्यता है। वह पुराने जमींदारों की तरह अपना प्रतिनिधित्व अपने कारिंदों से नहीं करा सकता। 'पीर-बबर्ची-भिश्ती-खर', सब वही हैं। जहाँ भूख है वहाँ वह है, जहाँ तृप्ति है वहाँ वह है, जहाँ सम्मान है वहाँ वह है और जहाँ असम्मान है वहाँ भी वह स्वयं मौजूद है। जिंदगी के साथ वह जिंदा, मौत के साथ वह मृत है। वह

दलित भी है और सवर्ण भी है। जब कोई पात्र आत्महत्या करता है तो उसके साथ वह भी पंखे से लटका होता है। जब किसी दीन का घर जलता है तो उसका घर भी जलता होता है। ऐसा नहीं कि वह दूसरे का घर जला दे और उसके अपने ऊपर जरा भी आँच न आए। 'जुगलबंदी' में बीरू अपाहिज होता है तो उसका लेखक भी अपाहिज हो जाता है। गठिया से पीड़ित पत्नी जब घिसटकर चलती है तो कालीन में जो रोएँ उल्टे खड़े हो जाते हैं और एक निशान बन जाता है, वह निशान लेखक के दिल पर खुद जाता है।

युवा मित्र और उपन्यासकार वीरेंद्र जैन ने एक बार किसी संदर्भ में कहा था कि— 'इन्द्र सुनें' उपन्यास को मैंने टेप रिकार्ड करके रखा हुआ है। जब कभी इस देश के भूमिहीनों और भू-माफिया के बीच गहमागहमी और संत्रास से जुड़ने का मन होता है तो हम सब उसे सुनते हैं। यह बात पता नहीं उन्हें याद है या नहीं। लेकिन इस बात से हटकर एक बात का स्मरण मुझे अच्छी तरह है, जब उसी उपन्यास में मृत्युलोक में रहनेवाले भूमिहीन हो जाते हैं और उनकी जमीनें देवलोक-वासियों के कब्जे में आ जाती हैं तो मुझे लगा मेरा दिमाग और चेहरा उक्त उपन्यास के मृत्युलोक-वासियों की तरह ही पिचककर चपटा हो गया है। देवलोक-वासियों के बीच भी मैंने घुसकर देखा। दरअसल, इन मृत्युलोक-वासियों यानी चपटे चेहरेवालों की उनके सामने कोई पहचान नहीं बचती। वे ही सर्वोपरि हो जाते हैं।

कई बार हमारा खेल पूरा नहीं हो पाता और हमें खेल से बाहर हो जाना पड़ता है या रोक देना पड़ता है। यह जो उपन्यास आपके हाथ में है, मैंने इसके लगभग तीन सौ से अधिक पृष्ठ लिख लिए थे। जब अवध का पत्र मिला कि मुझे 'छाया-मयूर' के लिए उसे उपन्यास देना है, तो मुझे इसी उपन्यास की याद आई। निकालकर पढ़ा तो इसके दो सौ से अधिक पृष्ठ अनावश्यक थे। मैंने उन्हें उसी प्रकार निकालकर बाहर कर दिया जैसे कोई जर्राह अपना कच्चा आप काट कर फेंकता है। स्वाभाविक है, यह पूरा उपन्यास नहीं है। एक बड़े अनुभव की छाया मात्र है। उसके बाद भाई पद्मधर त्रिपाठी ने कहा—उपन्यास दो। मैंने उन्हें स्थिति स्पष्ट लिख दी। मैं इसे पहले पूरा करना चाहता हूँ। वे मान गए। लेकिन फिर मन बदल गया और मुझे अनुबंध भेज दिया। मैं मित्रों का मारा हूँ। बात टालना मुश्किल हो जाता है। जब कभी यह उपन्यास पूरा होगा तो यह एक बड़े 'यातना-गीत' की तरह होगा। हालाँकि 'छाया-मयूर' में छपते समय इसका नाम 'छीलन' था। बाद में लगा—यह नाम कुछ संप्रेषित नहीं करता। उसे बदलना पड़ा।

मेरा यह पहला उपन्यास है जो अपूर्ण है। लेकिन कई बार अधकही बात भी पूर्णतया संप्रेषित हो जाती है। वैसे इसका दोष मेरे इन दोनों मित्रों को जाता है। मैं तो सब तरह से दोषी हूँ ही। अपना थोड़ा-बहुत दोष उनके साथ बाँट लूँ तो क्या मुजायका है !

507, आई. आई. टी., कानपुर-16 — गिरिराज किशोर

1 जुलाई, 1997

यातनाघर

मैं आपको क्या बताऊँ ? बताऊँगा भी तो आपको लगेगा कि हालात को देखते हुए बात सही नहीं है। लमतरानी हाँक रहा हूँ। क्योंकि इस तरह की बातें विश्वास योग्य नहीं होतीं। लोग उन्हें तेज हरी मिर्च की तरह, नमक की चुटकी के साथ ग्रहण करते हैं। मैं मिर्च नहीं खाता इसलिए कह नहीं सकता वह चुटकी-भर नमक मिर्च की तेजी कम कर देता है या खानेवाले की बर्दाश्त में वृद्धि कर देता है। जो भी हो इतना तो मैं जानता हूँ कि नमक चुटकी-भर हो या तोला-भर, मिर्च के स्वभाव को हरगिज नहीं बदल सकता। वह चरपरी है तो रहेगी ही। विष्णु नारायण की स्थिति भी वही है। जो कुछ हुआ है या हो रहा है, उसे आप अविश्वास करके भी नहीं बदल पाएँगे। यह बात अलग है कि आप यह कह दें कि भले ही सचाई हो पर बयान बहुत फूहड़ ढंग से की गई है। यह भी मान सकते हैं कि सचाई भले ही हो पर इस तरह की सचाई उठाने से क्या लाभ जो नकारात्मक प्रभाव डालती हो। डाले नकारात्मक प्रभाव। जो झोली में होगा, वही तो सामने आएगा।

भले ही विष्णु नारायण आपको एक बड़े कमरे में सजा-सजाया बैठा मालूम दे। खासतौर से उस समय जब अगस्त गुजरने को है और बारिश की एक बूँद भी न पड़ी हो। किसान सिर पकड़कर रो रहा हो और भूखे बच्चों की गर्दन पर अँगूठा रख देने के सिवाय उसके पास कुछ न बचा हो। प्रधानमंत्री लोग अपने स्वतंत्रता-दिवस के भाषण में चाहे देख चुके हों, या देख रहे हों या देखने का आश्वासन दे रहे हों और लोग मुँह पीछे करके हँस रहे हों, सोच रहे हों—

यह आदमी जितना देखने की बात करता है, उतना ही नहीं देख पाता। देखने के लिए इसने अंधे रखे हुए हैं, वही देखकर इसको बताते हैं कि वास्तविकता क्या है। कौन हीरा है, कौन मोती और कौन पत्थर। या किसे भूख है, किसे नहीं है और किसे होनी चाहिए। भूखों को दो रोटी या वह भी नहीं और देखने के लिए नियुक्त अंधों को रोटी-दर-रोटी। विष्णु नारायण के दफ्तर का वह कमरा अच्छा-खासा हॉल है। उसमें दो एयरकंडीशनर हैं, तीन टेलीफोन, मंजू का फूलदार फर्श है, एक सोफा और कई शीशे की अलमारियाँ हैं। साथ बाथरूम भी। और काम ? टिली ली ली

झर्र। यानी ठोसा। घर पर भी तीन फोन हैं। दुमंजिला मकान है। आगे-पीछे लॉन है। किसलिए ? दफ्तर जाता है। बैठता है। शाम को घर लौट आता है। दिन-भर कमरे में बैठा ठंडी हवा खाता है। कूलर की नहीं, एयरकंडीशनर की। जबकि बाहर अगस्त में भी ऐसी गर्म हवाएँ चल रही हैं जैसे मई-जून का महीना हो। लोग बाहर जरूर जिक्र करते होंगे। पाँच हजार तनख्वाह पाता है, किसलिए ? जवाब देनेवाला जवाब दे तो क्या दे ? एक ही जवाब—हमने तो निकालने की बहुत कोशिश की, नहीं निकला तो क्या करें ? वे यह नहीं जानते कि सवेरे नौ बजे से शाम पाँच बजे तक बिना काम के इस तरह बैठना कितना आरामदेह होता होगा ? नजरबंदी। वह भी महीनों, सालों !

विष्णु नारायण की यह नजरबंदी अघोषित है। न उन्होंने कहा न विष्णु नारायण ने। बस आयद हो गई। लागू भी सख्ती से हो रही है। उसमें कहीं किसी की कोताही नहीं। कुल मिलाकर नतीजा एक ही है कि विष्णु नारायण पूरे ऐशो-आराम के साथ अपने इस ताबूत में तशरीफ फरमा रहे हैं। लेकिन चूँकि लेखक हैं इसलिए अपने-आपको सन्नाटे और अकर्मण्यता के चूहों द्वारा कुतरे जाने से किसी तरह बचाए हैं। वरना तो उन्होंने पिछले पाँच सालों में इतना कुतर डाला होता कि नामोनिशान न बचा होता। वे शरीर से चाहे न भी कुतरते पर बिजली के तारों की तरह उसका स्नायु-तंत्र और नाड़ियाँ तो जरूर कुतर डाले होते। उसका लेखक होना काफी-कुछ बचाए है ! पंद्रह अगस्त को टी. वी. पर स्वतंत्रता दिवस के अवसर पर विभिन्न प्रदेशों में होनेवाले झंडारोहण की झलकियाँ दिखाई जाती हैं। तमिलनाडु के झंडे का दंड उनमें सबसे जाबिर है। अनेक मजबूत रस्सियों से सहारा लिए हुए। उसी तरह विष्णु नारायण के स्नायु-तंत्र को उसका लेखक सहारा है वरना लेट गया होता। एक बार मनुष्य ढीला हुआ, फिर खड़ा रह पाना मुश्किल होता है। होता है तो लिजलिजा, ढुलमुला। पता नहीं कब किस करवट लोट जाए। अपने को यही कहकर आश्वासन देता है कि माना सैकड़ों लेखक हुए हैं जिन्होंने जेलों की कोठरियों में अपनी रचनाएँ लिखी हैं। तू भी लिख। तू कम-से-कम शाम को चलकर घर तो पहुँच जाता है···वे तो सालों घर नहीं गए। जेल की कोठरी ही सालों उनका घर, स्टडी या कुतुबखाना बना रहा। उनका लेखन ही उनकी मुक्ति का साधन था। तू भी इसको अपनी मुक्ति बना ले। लेकिन 'मना' नाम का यह चमचा भी कम चालू नहीं। फौरन पूछता है इसका क्या करूँ ? दिन-रात दिमाग पर वजन बढ़ रहा है—इतनी तनख्वाह, इतनी सुविधाएँ किसलिए ? जो मिल रहा उसकी एवज में संस्थान को क्या दे रहा हूँ ? यहीं आकर गली अंधी हो जाती है। तब विष्णु नारायण को यही सोचकर सुकून

मिलता है कि लिखना भी तो देना है। क्या इस तरह के तर्क बिल्ली द्वारा खंभा नोचने की तरह नहीं होते हैं ? हर बात का जवाब लिखना ही तो नहीं। विष्णु नारायण यहीं आकर गड़बड़ा जाता है। तब वह इधर-उधर की बातें सोचना चालू कर देता है। अमेरिका की दी हुई आणविक छतरी मुझे तो प्राप्त है नहीं। इसी को मान लो आणविक छतरी। लिखना···लिखना···लिखना··· । जो चीज हमलों से बचाए वही छतरी। और फिर यह छतरी तो और भी चमत्कारी है। जितने पावर का हमला हो उससे दुगुनी पावर की यह छतरी हो जाती है। इससे बड़ा संरक्षण तो अमेरिका में बनी उस आणविक छतरी के नीचे बैठने पर नहीं मिल पाएगा।

तो जनाब ! विष्णु नारायण इस अद्‌भुत जेल का अकेला कैदी है। एक खुली कैद ! मिर्जापुर की गुरमा जेल देखी ? नहीं देखी होगी। वहाँ कैदियों को दिन में खोल दिया जाता है और रात को बंद रखते हैं। बी. शांताराम की 'दो आँखें बारह हाथ' भी इसी तरह की फिल्म थी। पाँच खूँखार कैदी बाड़ लगाकर घेरी गई धरती पर खेती करते थे। रात को आपस में एक-दूसरे के पाँव बाँधकर सोते थे। चूँकि आदत पड़ गई थी, बिना बेड़ियों के नींद ही नहीं आती थी। वे कैदी खुली जेल से भागने की भी सोचते थे। पर जहाज के पंछी की तरह वहीं लौट आते थे। तो श्रीमन् ! विष्णु नारायण भी इस खुली जेल से भागना चाहता है। वलवला उठता है और फिर उसी घुमंतू कुर्सी पर बैठ जाता है। कहाँ जाए ? उसने अपने ऊपर थोपी गई उस अकर्मण्यता को ही अपना खेत मान लिया है। अच्छा-बुरा जैसा भी बीज मिलता है डालकर अपने मतलब की फसल उगा लेता है। अगर वह उसे खेत न बनाए और बीज बोकर फसल न उगाए तो मर जाए।

इसे भूमिका कहिए या नतीजा। एक लंबे सफर के बाद वह यहाँ पहुँचा है। आप कहेंगे कि सफर मनुष्य को किसी खूबसूरत मंजिल तक पहुँचाने के लिए किया जाता है। बिल्कुल सही ! लेकिन एक तो हर-एक का सफर वैसा नहीं होता और दूसरे कई बार खूबसूरत मंजिल के लिए शुरू किया गया सफर किसी बहुत बड़े और मनोरम खड्ड में भी ले जाकर पटक देता है। आपको तब पता चलता है जब उस खड्ड में उतर चुके होते हैं और वे सब लोग जो आपको इशारा कर-करके उतरने के लिए प्रेरित करते नजर आते हैं—उतर जाने के बाद टा-टा, बाय-बाय करके विदा लेते

हैं–खुदा हाफिज। यही हुआ है। चलता-चलता वह उस मुकाम पर पहुँच गया। कभी-कभी उसे लगता था अरे यह तो वही जगह है जहाँ वह जिंदगी की शुरुआत के समय खड़ा था···यह देखने के लिए कि गुरमा में कैदी कैसे सुधारे जाते हैं···वह जेल कैसी होती है जो जेल होते हुए भी मुक्ति का अहसास कराती है–अब जिंदगी की इतनी लंबी मंजिल तय करके वह वहीं जा पहुँचा। इत्तफाक ही है कि वह जेल उनका 'गुरमा' थी और दफ्तर का यह कमरा विष्णु नारायण की 'गुरमा' है।

आप गुरमा के बारे में पूछना चाहेंगे। गुरमा तो मैंने नाम दे दिया। वैसे मैंने बताया ना–मिर्जापुर में गुरमा पत्थरों की एक खान है। नहीं बताया ? तो खैर, सुनिए। कैदियों के लिए एक खुली सुधारात्मक जेल है। उत्तर प्रदेश के एक स्वप्न देखनेवाले, बुद्धिजीवी मुख्यमंत्री ने वहाँ यह खुली जेल बनवाई थी। पहले राजनीतिज्ञ भी कल्पनाशील होते थे। तो खैर, जैसे लोग भाग्य में लिखे हैं वैसों के साथ ही रहना होगा। इलाज ही क्या है ? हाँ तो वहाँ जेलियों को दिन-भर पत्थर तोड़ने होते हैं और वे पत्थर 'रोप-वे' के द्वारा सीमेंट फैक्ट्री में ले जाए जाते हैं। वहाँ उन्हें पीसकर सीमेंट बनाया जाता है। मजे की बात यही है कि वे कैदी खुले रहते हैं। काम का पैसा पाते हैं। वे सब के सब बामुशक्कत कैद पाए हुए मुलजिम होते हैं। उनके लिए मेहनत करना जरूरी है। क्लास 'ए' या 'बी' का कैदी शायद ही वहाँ होता हो। अगर जेल का सांगोपांग चित्र बनाने की गरज से आप उन 'ए' 'बी' कैदियों को भी वहाँ दिखलाना चाहें तो उन टंडेलियों को मान लें जो देखभाल करने के लिए मुकर्रर किए जाते हैं। लेकिन जहाँ विष्णु नारायण विराजते हैं वहाँ न पत्थरों की खान है, न जेल है, न 'रोप-वे', न बामुशक्कत सजायाफ्ता कैदी और न सीमेंट फैक्ट्री। लेकिन विष्णु नारायण हैं। पैसे प्राप्त करने के लिए किसी तरह की मशक्कत की जरूरत नहीं है। वह एक शिक्षा संस्थान है। एक ऐसा शिक्षा संस्थान, जहाँ के पढ़े कभी वापस घर नहीं लौटते। साइबेरिया से आई चिड़ियाँ तो दिन गर्म होने पर हजारों मील की उड़ान भरकर अपने देश लौट भी जाती हैं, लेकिन इस शिक्षा संस्थान से निकले बच्चे जब उड़ान भरते हैं तो समुद्र पार ही जाते हैं। यहाँ रह भी जाते हैं तो उसी चरागाह के बारे में सोचते रहते हैं, जहाँ उनकी डार के बाकी पंछी बसेरा करने चले गए।

लेकिन इससे यह अंदाज लगा लेना गलत होगा कि उस रास्ते से सभी गुरमा पहुँचते हैं। विष्णु नारायण की बात अलग है। खैर ! छोड़िए, इन बातों का कोई मतलब नहीं। आप इसे एक आला किस्म का शिक्षा संस्थान ही मानें। (विष्णु नारायण के हालात से अंदाज न लगाएँ)। वैसा ही जैसा कभी तक्षशिला रहा होगा या उस

स्टेटस का एम. आई. टी. इंग्लैंड का आक्सफोर्ड वगैरह हैं। हालाँकि जैसे दो शक्लें एक नहीं होतीं वैसे ही दो संस्थाएँ एक नहीं होतीं। वैसे शक्लें एक हों या न हों पर संस्थाओं के उद्देश्य अलबत्ता एक हो सकते हैं। यह मान लीजिए यह एक विराट् उद्देश्यवाला संस्थान कभी छोटा नहीं होगा। आदमियों की बात मैं नहीं करता। आदमी हर कद के होते हैं—तीन फीट से लेकर सात फीट तक या उससे भी ज्यादा। कोई बौना कोई लंबा। उनमें मझोले कद के लोग हमेशा के लिए मझोले रह जाते हैं। बशर्ते कि बैसाखियों का इस्तेमाल न किया जाए। बैसाखियों का नृत्य अगर देखा हो तो सहमत होना पड़ेगा कि बैसाखियों पर खड़े होकर वे लोग कितना चमत्कारी नाच नाचते हैं। चाहे नाच करनेवाले आदिवासी ही क्यों न हों, उनकी छोटाई-बड़ाई का उनके नाच पर कोई असर नहीं पड़ता। जहाँ तक संस्थाओं की बात है, उनका कद नापना कोई मतलब नहीं रखता। यह सही है कि आदमी भी अपने कद संस्थाओं पर थोप देते हैं। मुल्क की ही बात ले लीजिए। वाशिंगटन भी अमेरिका में हुए और रीगन भी। गाँधी भी यहाँ हुए और हम लोग भी, यानी हमारे चुनिंदा लोग भी हो रहे हैं। इस सबके बावजूद देश बड़ा है। व्यक्ति के बड़े होने की संभावना तो खत्म हो सकती है परंतु देश के बड़े होने की संभावना हमेशा बनी रहती है। उसे उसी तरह देखा जाए तो विष्णु नारायण जैसा छोटा इंसान अपने छोटेपन से संस्था का कुछ नहीं बिगाड़ सका। संस्थान ने अलबत्ता उसे मूषक बना दिया। दरअसल संस्थान के नाम पर भी चंद लोग स्याह-सफेद किया करते हैं। कुछ भाग्यशाली होते हैं जो संस्थान हो जाते हैं। कुछ चूहे, जिन्हें पकड़ने के लिए चूहेदानियाँ इस्तेमाल करके उन्हें जला-ए-वतन कर दिया जाता है। आप उन्हें भूल जाइए। संस्थान की तरफ आइए। असली बात उसी की है।

अगर मैं गलत नहीं हूँ तो विष्णु नारायण उस संस्थान में लगभग अठारह साल पहले सर्दी के दिनों में आया था, शायद दिसंबर में। मौसम मुझे इसलिए स्मरण है क्योंकि तब वह उसी शहर में अपेक्षाकृत एक छोटी शिक्षा-संस्था में काम करता था। चूँकि उसका घर इस नई संस्था से बहुत दूर था इसलिए किराए की सवारी से आता था। किराए की सवारी भी क्या ? ऊँट की तरह की एक बेडौल तिपहिया गाड़ी। उसमें एक पर एक सवारी। वह आगे की सीट पर दो सवारियों के पैसे देकर बैठता था।

चलती ऐसे थी जैसे ट्रक चलता है। नाम भी अजीब था—टैंपो। लेकिन वहाँ पहुँचकर उसकी सारी थकान दूर हो जाती थी। जिस पगडंडी से होकर उसे अपने दफ्तर जाना होता था, उसके दोनों तरफ ऊँचे-ऊँचे दरख्त थे। कुछ के पत्ते झरते होते थे। कुछ पर नई कोपलें चिड़ियों के छोटे बच्चों की तरह झाँकती महसूस होती थीं। यह उसने पहली बार वहीं देखा कि सूखकर गिरे पत्तों के भी अलग-अलग राग-रंग होते हैं। उनका पीलापन एक-सा नहीं होता। हर पीले रंग में एक-आध और कोई रंग मिला होता है। किसी का हरापन बचा रह जाता है। किसी में हल्की लाली आ जाती है। कोई बिल्कुल हल्दी के रंग में सराबोर होता है। ऐसे भी होते हैं जो सूखकर मटमैले हो जाते हैं। वे सब पेड़ों के नीचे गद्दे की तरह बिछ जाते थे जिससे ऊपर से गिरनेवाले पत्ते को जरा भी चोट न लगे। सूखे पत्ते में जान ही कितनी होती है ! अलबत्ता एक के भी गिरने का आसपास के पत्तों को पता चल जाता था। हवा के चलते ही सब गिरे हुए पत्ते एक-दूसरे में घुल-मिलकर अगले पत्ते के लिए एक नया गदेला तैयार कर देते थे। जिन दरख्तों का पतझर शुरू नहीं हुआ था, वे छतनार बने ऐसे मदमस्त झूमते रहते थे कि उनका पतझर कभी आएगा ही नहीं। कुछेक पत्ते साझेदारी दिखाने के चक्कर में हरे के हरे ही उस गदेले पर आ गिरते थे। यह भी हो सकता है, वे स्वयं न आते हों, आना पड़ता हो। कुल मिलाकर वे उन्हीं पत्तों पर पड़े-पड़े अपनी हरियाली त्याग देते थे। उसने ऐसे सब पत्तों का हरियाली त्याग कर सूखे पत्तों में मिल जाने को मार्क्सवादी नाम दे दिया था। डी-क्लास होना। वैसे अधिकतर पत्ते पेड़ पर ही सूखते थे। वह भी तब जब पतझर की साइकिल घूमती हुई उन पर ठहरती थी। नसें उभर आतीं। पहचानना मुश्किल हो जाता था। कौन-सा पत्ता कितना हरा था और किस पेड़ से टूटा था।

चिड़ियों की जो आवाजें उसने वहाँ सुनीं उन्हें सुनकर उसे पहली बार लगा कि बोलचाल में पक्षी मधुर भी होते हैं और कर्कश भी। देहगल को उसने पहली बार वहीं देखा। कोई कह नहीं सकता कि उसका खिखियाना उसके प्रेम की अभिव्यक्ति होती है या उसका जलतरंग की तरह आवाज निकालना···। इसी तरह भुजंगा के बारे में भी उसे पता चला था। वह भी आवाज बदल-बदलकर अपनी कर्कशता और मधुरता घटाता-बढ़ाता रहता था। उसके बारे में उसे एक बात और पता चली थी कि वह सबसे ज्यादा निडर पक्षी होता है। उसके बच्चे घोंसले से बाहर निडर होकर बैठ सकते हैं। उसके दबदबे की वजह से कई बार दूसरी चिड़ियों के अंडों की भी रक्षा हो जाती है। अगर भुजंगा हुआ और कौवा या घरघुसरा किसी के अंडों या बच्चों पर झपटा तो भुजंगा लड़ बैठता है। पक्षियों और उनकी आवाजों को उसने

काफी बाद में अपने एक मित्र के माध्यम से जाना था। आदमी की आवाज...आदमी क्या—अपनी ही आवाज...आपको और हमको आज भी अजनबी लगती है। चिड़िया बोली नहीं कि ध्यान गया नहीं। मनुष्य कितना भी क्यों न बोल-बतिया ले, वह बात नहीं आती। अंदर-ही-अंदर अविश्वास रहता है। अगर विष्णु नारायण उस संस्थान में न गया होता तो शायद इस भेद को समझ ही न पाता। अपने-आप में ही, अपने लिए श्रेष्ठ, बना रहता। यानी यही सोचता रहता कि आदमी से श्रेष्ठ कोई होता ही नहीं। जब वहाँ आकर रहा तब जाकर वे सब बातें उसके सामने स्पष्ट हुईं। आगे चलकर एक वक्त तो ऐसा आया जब उसे रह-रहकर इस बात का अहसास होता था कि आदमी उसके चारों तरफ हैं। गोया वह उन सबसे बुरी तरह घिरा है। उसकी गिनती बकरे से ज्यादा कुछ नहीं। इस दृष्टि से वह संस्थान कभी-कभी उसे अपनी और ऐसे ही कुछ लोगों की बधशाला कहने का अहसास कराने लगता था। यद्यपि ऐसा था नहीं। न उसे ऐसा सोचना ही चाहिए था। अगर वह हिरन होकर शेर न बना होता तो यह नौबत न आई होती।

पहले दिन जब उसने अपना पद सँभाला था तो उसे गंध की तरह महसूस हुआ था कि वातावरण में कोई गैर-मामूलीपन है। जो भाषा बोली जाती है वह उस भाषा से अलग है जो जन्म के साथ पाई थी। वह उसके साथ कैसे पेश आए—दोस्त की तरह या दुश्मन की तरह ? उसे लगा—लोगों का सड़क पर चलते हुए एक पाँव आकाश में होता है। जबकि उसके पाँव उस धरती पर खड़े रहने में भी काँप रहे थे।

उसकी पहली मुलाकात संस्थान के निदेशक से हुई थी। रिपोर्ट भी उन्हीं को करना था। उनकी भाषा कुछ-कुछ उसके जैसी ही थी। उसे बाद में पता चला कि उनकी भाषा पर वहाँ के लोग हँसते थे। वहाँ पाँव डायरेक्टर के भी स्थिर नहीं थे। कभी भी टा-टा, बाय-बाय हो सकता था। लोग उसे दिहाड़ीवाला डायरेक्टर कहते थे। वह गरजता खूब था। उन्होंने पहली मुलाकात में ही उसे वहाँ की कैफियत समझा दी। शायद यह बताना जरूरी है कि विष्णु नारायण ऐसे पद पर आया था जो प्रशासनिक था और जीभ की तरह दाँतों के बीच रहना उसकी नियति थी। वहाँ के लोगों की नजरों में वह सबसे ज्यादा घृणित पद था। वे लोग स्वच्छंदतावादी थे। ऐसे लोगों को पसंद करते थे जो उनकी स्वच्छंदता में और चार-चाँद लगाएँ, घटाएँ नहीं। निदेशक ने उसे पहले ही दिन खोलकर बताया था, "हो सकता है आपको खिलाफत का सामना करना पड़े। लोग आपको परेशान करें, हिकारत की नजर से देखें। उस पर भी आपको जमे रहना है। आपके दस्तखत के बिना एक भी पैसा खर्च नहीं हो सकता। यह आपकी जिम्मेदारी है कि पैसे का दुरुपयोग न हो।"

इस बात का विष्णु नारायण को उसी दिन अंदाज हो गया था कि भले ही तनख्वाह में हजार-पंद्रह सौ रुपये का फायदा हो परंतु यह दफ्तर उसके लिए जन-बच्चों सहित पेरनेवाला कोल्हू साबित हो सकता था। उससे बचने के लिए उसने छोटा-सा रास्ता निकालने की कोशिश की। साक्षात्कार के समय ही उसे बता दिया गया था कि उसे परिसर में ही आकर बसना होगा। उस समय उसने हाँ भी कर दी थी। परंतु मौका देखकर बड़े नम्र और विनीत स्वर में निदेशक महोदय से कहा, "अगर आप मुझे वहीं रहते रहने की इजाजत दे दें तो मुझे सुविधा हो जाएगी। –मेरी दोनों लड़कियाँ सेंट मेरीज में पढ़ती हैं। मेरी बहन भी अस्वस्थ है। उन्हें अकेले छोड़ना मुश्किल होगा।"

निदेशक थोड़े दबंग थे। वे एक मिनट चुप रहे, फिर बोले, "यह बात आपको इंटरव्यू के समय ही कहनी चाहिए थी–हम आपको संस्थान की सुविधा के लिए लाए हैं, आपकी अपनी सुविधा के लिए नहीं। आपके पूर्ववर्ती यहीं रहते थे, पर बूढ़े थे। उनका साल-भर पहले हार्टफेल हो गया। हमने सोचा था कि कम उम्र का प्रशासक लाएँ–वह ज्यादा काम कर सकेगा…"

विष्णु नारायण ने सिर्फ 'जी' कहा और खामोश हो गया। थोड़ी देर बाद उन्होंने फिर कहा, "आप चाहें तो एक महीना वहाँ और रह लें– इससे ज्यादा नहीं। तब तक आपके लिए मकान भी तैयार करा दिया जाएगा।"

उसने फिर 'जी' दोहरा दिया। वे शायद 'जी' कह देने मात्र से आश्वस्त नहीं हुए। उन्होंने फिर पूछा, "आपने क्या सोचा…? ज्वाइन करने के पहले आप एक बार और सोच लीजिए।"

"नहीं सर, जैसा आप कहेंगे वैसा ही होगा–आपने महीने-भर का समय दिया है। मैं महीने-भर में ही आ जाऊँगा।"

वे मुस्करा दिए। पहली बार अफसर के मुस्कराने का महत्त्व पता चला। उसका मात्र मुस्कराना वजन एकदम कितना हल्का कर देता है !

कुर्सी से खड़े हुए और बोले, "आइए आपको आपका दफ्तर दिखला दूँ–उन सबसे मिलवा दूँ जिनके साथ आपको काम करना है। इस बात का ध्यान रखिए कि यहाँ आप अकेले हैं। सब-कुछ आपको अकेले ही करना होगा। जब मैं आया था तब यहाँ जबर्दस्त स्ट्राइक थी। बिजली-पानी बंद था–मुझे गवर्नमेंट ने कहा जाओ, जाकर सँभालो–हालाँकि मेरा पाइल्स का ऑपरेशन हुआ था–मुझे उसी हालत में आना पड़ा–मेरे लिए सबसे बड़ा धर्म-संकट यह था कि मेरे से पहले डायरेक्टर भी यहीं कैंपस में रह रहे थे–बहुत से लोगों की स्वामिभक्ति उनके प्रति थी। हँसकर

बोले, "चूँकि मैं हरियाणा का हूँ—यहाँ सब लोग दूसरे प्रदेशों के हैं महाराष्ट्र, तमिलनाडु, आंध्र और न जाने कहाँ-कहाँ के—वे मुझे अपनी लच्छेदार अँग्रेजी से दबाना चाहते थे। पर मैं दबा नहीं—अकेले ही सब सँभाला। आपका भी एक प्रतिद्वंद्वी है—यहाँ के अधिकतर लोग उसके साथ हैं। आप स्वयं उसे धीरे-धीरे पहचान लेंगे। यह सब बातें मैंने आपको इसलिए बताईं क्योंकि आपने मेरी शर्तों को मानकर यहाँ आना स्वीकार कर लिया।"

उन्होंने हाथ मिलाया और दबाते हुए बोले, "आल दी बेस्ट···।"

विष्णु नारायण निदेशक के साथ कमरे से बाहर निकला तो देखा कि पूरा वातावरण इतनी-सी ही देर में बदल गया है। जब वह आया था तब कुछ और था और अब जब वह निदेशक के साथ राउंड पर जा रहा है तो कुछ और है। लोगों के चेहरे पर तरह-तरह के भाव हैं। आप उन चेहरों की चाहे जो व्याख्या कर लें। पक्ष में या विपक्ष में। विद्रूपता, प्रशंसा, आश्चर्य, उपहास, तिरस्कार आदि सब विष्णु नारायण को मात्र भाव ही नहीं लगे बल्कि प्रत्येक भाव एक-एक चेहरा बनता गया। आप समझ ही सकते हैं कि इतने परस्पर विरोधी भावों के बीच कोई नया व्यक्ति कैसे स्थिर रह सकता है ? वह भी एक अनजान जगह में ? भले ही वह जगह आगे चलकर एक जानी-पहचानी जगह बननेवाली हो। विष्णु नारायण के पास एक ही रास्ता था। उन सबको अनदेखा करते चले जाना। रास्ते में मिलनेवाले लोग निदेशक को नमस्कार करते चले जा रहे थे। देख उसकी तरफ भी रहे थे। समझ सब गए थे—दो-चार को छोड़कर। वे उपेक्षा दिखाकर अपनी ओर ध्यान आकर्षित करने का तरीका अपना रहे थे। विष्णु नारायण भी कहीं-न-कहीं अंदर-ही-अंदर उनकी शक्लें नोट करता चला जा रहा था। कुछेक लोग फाइल या सरकारी कागज हाथ में लेकर कमरे से बाहर निकल आए थे। विष्णु नारायण ने पीछे की तरफ से आते एक-आध वाक्य सुने भी, "जवान आदमी है।"

"जवानी से क्या होता है—अनुभव भी तो होना चाहिए।"

"पहलेवाले के पास अनुभव था तो क्या कर लिया—बेइज्जत होकर ऊपर पहुँच गया।"

"···करानेवाले भी तो यही हैं।"

सुना शायद निदेशक ने भी होगा, पर उनके चेहरे पर किसी तरह का भाव नहीं था। वे उसे सीधे उसके होनेवाले कमरे में ले गए। कमरा लगभग एक साल से खाली पड़ा था—उसमें या तो उसी दिन झाड़ू लगी थी या हो सकता है रोज लगती हो। जैसे मजारों पर लगाई जाती है। हालाँकि विष्णु नारायण के पूर्ववर्ती साल-भर पहले

मर चुके थे। उसे इसी बात का आश्चर्य था कि व्यक्ति तो मरते रहते हैं परंतु इस तरह के पद कभी नहीं मरते। हमेशा सरसब्ज रहते हैं। एक गया दूसरा आया। विष्णु नारायण से रहा नहीं गया तो उसने पूछा, "क्या यह पद इतने दिन से खाली है ?"

निदेशक जब चाहते थे तो बड़े भोलेपन से हँसते थे। वे हँसे और बोले, "नहीं, एक सज्जन काम देख रहे हैं—अभी मिलाएँगे।"

"जी"—विष्णु नारायण को पता नहीं क्या सूझा, फौरन ही दूसरा सवाल कर दिया, "उनकी मृत्यु कैसे हो गई थी ?"

निदेशक गंभीर हो गए। थोड़ी देर बाद चुप रहकर बोले, "मैंने आपको बताया था कि जब मैं यहाँ आया था तो यहाँ पूर्ण हड़ताल थी। सब-कुछ डाउन। पानी से लेकर बिजली तक सब बंद। काफी दिन चला। उन्हीं दिनों उनका भी घेराव किया गया—वे हार्ट के मरीज भी थे। दरअसल उनके सिर पर बाल नहीं थे—घेराव करनेवालों में से कुछेक ने उनके सिर पर गोंद पोता—फिर जलती हुई सिगरेट उनके खल्वाट सिर पर बुझाई···अगले दिन वे छुट्टी पर चले गए। रोज सवेरे उठकर टहलने जाते थे—उस दिन जब टहलने नहीं गए तो उनकी पत्नी उठाने आई। सब-कुछ निपट चुका था।" वह चुप हो गए और बाहर देखने लगे।

विष्णु नारायण को लगा वह उसी कुर्सी पर बैठा है और चारों तरफ लोग इकट्ठे हैं···वह ज्यादा सोचना नहीं चाहता था। सोच के क्रम को तोड़ने की दृष्टि से वह बीच में ही बोला, "किसी ने उन्हें बचाया नहीं ?"

"कौन बचाता ? मैं स्वयं घेराव में था—उनके जो अन्य अधीनस्थ सहयोगी थे—वे कमरों से हिले तक नहीं। यहाँ के अध्यापक इन बातों को प्रशासनिक मामला मानकर चलते हैं—अगर कोई प्रशासनिक अधिकारी मर भी जाता है तो उनके लिए वह मानवीय स्थिति न होकर प्रशासनिक स्थिति ही होती है। आपको आश्चर्य होगा कि इतने बड़े संस्थान का सर्वोच्च प्रशासनिक अधिकारी मरा और उसके शव के साथ तीन सौ अध्यापकों में से केवल दस अध्यापक—बीस-पचीस कर्मचारी थे। अर्थी बाँधने के लिए भी मुझे लोगों को कहलाना पड़ा था।"—मुझे डर लगा अगर मैं मर गया······?

तभी एक-दो लोगों ने दरवाजा खोलकर अंदर झाँका। निदेशक ने उन्हें बुलाते हुए कहा, "आइए। चले आइए, अपने नए साहब से मिलिए।"

उस कमरे की दीवारों में वे बातें गैस की तरह भर गई थीं और दम घोंट रही थीं। विष्णु नारायण को उन लोगों का आना राहत-बिग्रेड की तरह लगा। कई लोग अंदर आ गए। विष्णु नारायण ने आगे बढ़कर उनसे हाथ मिलाया। अपना परिचय

दिया और उनके नाम पूछे। किस सीट पर क्या काम करते हैं, कब से हैं वगैरह कुछ औपचारिक जानकारियाँ लीं। निदेशक सुपरिंटेंडेंट को इशारा करके बोले, "रामलखन बाबू आपकी ब्रांच के पुराने आदमी हैं। बहुत मेहनती हैं—" और हँसकर कहा, "घाघ भी।" फिर उनसे बोले, "अपने नए साहब की पूरी मदद करना, रामलखन बाबू। वह नहीं चलेगा—जो पहलेवाले साहब के साथ था।"

रामलखन बाबू बस इतना ही कहते थे, "जी सर, यस सर।" रामलखन बाबू का पाँव खराब था। विष्णु नारायण शायद रामलखन से कुछ कहता पर निदेशक एकाएक बोले, "इनसे तो आप बाद में बात कीजिएगा। चलिए, आपको और लोगों से मिला दूँ, फिर मुझे एक मीटिंग में जाना है।"

"माफ कीजिए सर। मैं भूल गया था।" विष्णु नारायण ने क्षमा-याचना के भाव से कहा।

"नहीं, कोई बात नहीं।" फिर हँस दिए, "आपको पता ही कहाँ था।"

सब लोग उसी कमरे में दो कतारों में आमने-सामने खड़े हो गए। निदेशक और विष्णु नारायण उनके बीच से होकर बाहर निकल आए। बाहर निकलने पर महसूस हुआ, अंदर बहुत घुटन थी।

नया प्रशासनिक अधिकारी आ गया है, यह बात पहले किसी को पता हो या न हो पर अब सबको पता हो गई थी। देखने के लिए सभी लोग अपने-अपने कमरे के आसपास खड़े थे। निदेशक उसे तीन-चार कमरों में ले गए। श्री एस. के. सक्सेना भी प्रशासन अधिकारी के पद पर ही थे। लेकिन वे वित्त विभाग देखते थे। निदेशक ने परिचय कराया, "मि. सक्सेना, मि. विष्णु नारायण हमारे नए प्रशासनिक अधिकारी हैं।" उन्होंने उठकर हाथ मिलाते हुए ऊपर से नीचे तक देखा और बोले, "आप सिर्फ विष्णु नारायण ही लिखते हैं—सरनेम नहीं लगाते ?"

"जी नहीं।"

"होगा तो—"

विष्णु नारायण ने हँसकर कहा, "आप जो लगा देंगे, वही चल जाएगा।"

निदेशक हँस दिए। यह हँसी उस हँसी से भिन्न थी। वे बोले, "इतने उतावले क्यों हैं ? दाई से कोई पेट छिपा रहता है ?" विष्णु नारायण की तरफ मुखातिब होकर कहा, "ये इस संस्थान की दाई हैं···हमारे यहाँ कहावत है : अगर जनना है तो दाई भी आएगी ही।"

सब हँस दिए पर सक्सेना का चेहरा थोड़ा उतर गया।

अन्य लोगों में एक मलकानी थे और दूसरे तिरखे थे। दोनों उप-प्रशासक। उनके

रिटायरमेंट के तीन-तीन, चार-चार साल बाकी थे। तिरखे से हाथ मिलाने पर लगा जैसे वे अपना हाथ फ्रिज से निकालकर लाए हों। वैसा ही ठंडा चेहरा था। कुछ-कुछ इस तरह का···हाँ-हाँ इतने देखे, तुम भी सही। मलकानी आँख बंद करके और अपना मुँह दूसरे के मुँह के सामने लाकर अजब तरह से हँसते थे। वह उसी तरह हँसा, विष्णु नारायण के सामने नहीं निदेशक के सामने। विष्णु नारायण ने उसके कमरे से बाहर निकलते हुए देखा कि वह धम्म से कुर्सी पर बैठ गया। विष्णु नारायण शशोपंज में था। ये सब कौन हैं ? क्या चाहते हैं ? मलकानी ने कहा तो एक वाक्य था पर उसमें आगे के लिए संकेत भी मिल गया था, 'हम लोग तो अपनी पारी खेल चुके—आप जवान हैं···जरूर चौके-छक्के लगाएँगे।'

विष्णु नारायण को बाद में पता चला कि मलकानी अच्छा क्रिकेटियर था। उसका एक बार स्टेट टीम में चयन हो चुका था। लेकिन देर से सूचना मिली, बेचारे को बैरंग वापस लौट आना पड़ा।

चूँकि निदेशक महोदय साथ थे इसलिए उन लोगों से ज्यादा बात नहीं हो सकी थी।

विष्णु नारायण निदेशक को कमरे तक छोड़ने गया तो निदेशक ने अंदर जाने से पहले विष्णु नारायण से हाथ मिलाते हुए कहा, "आप अपने सहयोगियों से मिल चुके—आपको इन्हीं सबसे काम लेना है। ये सब लोग बीस-बीस साल से मशीन के कलपुर्जे और धुरियाँ बने हुए हैं। इनकी कोशिश होगी कि आप मशीन के अंदर धुरी न होकर ऊपर रखा हुआ ढक्कन बने रहें। —हा···हा···हा—यह आप पर निर्भर करता है कि आप क्या बनना चाहते हैं ?"

उनके अंदर जाते ही दरवाजा अपने आप बंद हो गया। विष्णु नारायण दरवाजे पर अकेला खड़ा था।

वहाँ से विष्णु नारायण अपने कमरे की तरफ चला। दरअसल उसमें इतने बरांडे और कॉरीडोर थे कि पहली बार एक स्थान से दूसरे स्थान पर पहुँचना उसके लिए उतना ही कठिन था जितना दरख्तों से भरे जंगल में एक कोने से दूसरे कोने तक पहुँचना होता है। वह स्मृति के बल पर रास्ता खोजता हुआ चला। पहले ही मोड़ पर आकर ठिठक गया। कई लोग अभी भी अपने-अपने कमरों के आगे खड़े थे। उसे किधर मुड़ना है यह बात उसे तड़ाक-फड़ाक तय करनी थी। अपने-अपने दफ्तर के दरवाजे पर खड़े लोग उसे भटका हुआ देख रहे थे। वह दाहिनी तरफ मुड़ गया। एक व्यक्ति झपटकर आया, "सर, आपको अपने कमरे में जाना है ना ?"

उसने उसकी तरफ देखा—उसके पूछने में कोई शैतानी तो नहीं। उसे ऐसा कुछ

नहीं लगा। वह बोला, "हाँ।"

"इधर से आइए। दरअसल यहाँ इतने कॉरीडोर हैं कि शुरू में यह अंदाज लगाना मुश्किल होता है कि रास्ता किधर से है।"

उसने हँसकर पूछा, "और बाद में ?"

वह समझा नहीं चुप रहा।

विष्णु नारायण की जान में जान आई। वह मुस्करा दिया। लौटकर वापस उसी मोड़ पर आना पड़ा जहाँ वह भटका था। वहाँ से उसे बाएँ जाना था। सब लोग अपने-अपने कमरे के सामने अभी भी खड़े थे। उसने कनखी आँखों से देखा। वे सब लोग आपस में इशारे कर रहे थे। हँस रहे थे। उसे एकाएक लगा—वह प्रशासन अधिकारी का कार्य-भार सँभाल चुका है। निदेशक लेकर उसे घूम चुके हैं। वह एकाएक घूम पड़ा, "आप लोग यहाँ कैसे खड़े हैं ?"

उनके चेहरों पर हवाइयाँ उड़ने लगीं। फिर बोला, "जाइए, अपनी-अपनी सीट पर बैठकर काम कीजिए, मैं आप सबसे स्वयं मिलूँगा।"

सब लोग उसी तरह वापस लौट पड़े जैसे फौजें हार के बाद अपनी-अपनी बैरकों को लौटती हैं। हालाँकि उसे हँसने की आवाज फिर सुनाई दी। आज के लिए इतना ही काफी था।

वह फिर उसी कमरे में था। हालाँकि उसने अपने पूर्ववर्ती को देखा नहीं था पर उसे वे कुर्सी पर बैठे नजर आ रहे थे। दूर से आते बैक-ग्राउंड म्यूजिक की तरह नारे सुनाई पड़ रहे थे। वह अधिक देर तक अकेला नहीं बैठ सका। उठकर घूमने लगा। फिर उसकी नजर घंटियों पर गई। दो घंटियों के बटन बराबर-बराबर लगे थे। किस घंटी की आवाज कहाँ जाती है, उसे इस बात का जरा-सा भी अंदाज नहीं था। उसने दाहिना बटन दबा दिया।

रामलखन बाबू आया। विष्णु नारायण ने धीरे से कहा, "बैठिए—"

वह बैठ गया। एकदम चुप। विष्णु नारायण चाहता था कि बात शुरू हो। आखिर उसे ही बात शुरू करनी पड़ी, "हमसे पहले जो साहब थे—शायद वर्माजी—उनकी मृत्यु के बारे में बड़े साहब ने बताया—बहुत बुरा लगा।"

पहले वह चुप रहा। फिर बोला, "जिस कुर्सी पर वे बैठते थे वह मैंने बदलवा

दी। विशेषाधिकारी महोदय ने जैसे ही ज्वाइन किया वैसे ही मैंने उनकी कुर्सी वहाँ पहुँचा दी। मैंने सोचा अपने साहब के पास क्यों रहे···दरअसल इस बारे में मैं दकियानूसी हूँ···।" 'मैं' शब्द पर हर बार उसका जोर होता था।

"मैंने यह नहीं पूछा–मेरा मतलब सिर्फ इतना था कि उनकी मृत्यु बहुत दुःखद स्थितियों में हुई !"

रामलखन बाबू एक बुजुर्ग मित्र की तरह बोला, "आप इस बारे में किसी से बात न करें, थोड़ा संवेदनशील मामला है। कर्मचारी यह सुनकर उत्तेजित हो जाते हैं। उस समय उन्हें चुप रहना चाहिए था। जहाँ इतने कर्मचारी आंदोलन कर रहे हैं, वहाँ आप अकड़कर क्या कर लेंगे ? वे उखड़ गए···भला इतने बड़े हुज्जूम पर उनके उखड़ने का क्या असर होता ? वैसे भी उनकी हमदर्दी हम लोगों के साथ कभी नहीं रही–उन्हीं लोगों के साथ थी जो उनको कुछ नहीं समझते थे। यानी फैकल्टी–। कभी-न-कभी तो दूसरे का दाव भी बैठता ही है।"

विष्णु नारायण ने रामलखन की तरफ देखा। रामलखन के चेहरे से लगा वह गुस्सेवाला आदमी है। दरअसल उसने सोचा था कि उसने श्री वर्मा के साथ इतने लंबे अर्से तक काम किया है इसलिए स्वभावतः वह उनसे भावनात्मक रूप से जुड़ा होगा। नए आदमी के साथ काम करना शायद उसे अटपटा लग रहा हो। उसी भावना को समतल करने के लिए उसने यह बात उठाई थी। विष्णु नारायण को बात बदल देनी पड़ी। काम के बारे में पूछना शुरू किया, "दफ्तर में कितने आदमी हैं ? काम का बँटवारा किस प्रकार है ?"

"वर्मा साहब तो सब-कुछ अपने-आप देखते थे। उन्हें विश्वास ही नहीं था। कंजूस इतने थे कि शाम को बगीचे में लगे नींबू, मिर्च, टमाटर गिनकर सोते थे और सवेरे उठकर फिर गिनते थे।–अगर एक भी कम हो जाए तो बाकायदा पूछताछ होती थी। दफ्तरवालों को पैसा दिलाने में उन्हें ऐसा लगता था जैसे उनकी जेब से जा रहा हो। सक्सेना साहब को देखिए वे अपने दफ्तरवालों को इतना पैसा दिलाते हैं···पैसा ही नहीं दिलाते, जरूरत पड़ने पर उनका पक्ष भी लेते हैं···वे दिलोजान से काम भी करते हैं। इसीलिए वे आज तक इतनी मजबूती से जमे हैं–जो आता है वही सक्सेना साहब सक्सेना साहब रटने लगता है। हमारी स्पेशल पे का मामला सालों घसीटा–आखिर आप ही घिसट गए···"

रामलखन बाबू की बातें असहनीय होती चली जा रही थीं। लेकिन पहला दिन था। समझ में नहीं आ रहा था क्या करें ? टालते हुए हँसकर कहा, "लगता है आप उनसे बहुत नाराज हैं···अब छोड़िए, जो आदमी दुनिया में ही नहीं उससे क्या

गिला-शिकवा···क्यों ?"

"आप किसी से पूछ लीजिए उनका क्या रेपुटेशन है ?"

"अच्छा, एक काम कीजिए। जो काम जिसके पास है उसकी एक लिस्ट टाइप कराकर मुझे दे दीजिए···अपने सुझाव भी। उसके बाद सोचेंगे क्या किया जाए जिससे काम और बेहतर हो।"

रामलखन बाबू चला गया। जाते समय उसके पैर का फर्क ज्यादा उभर आया।

थोड़ी देर बाद लौटकर आया, "सर, डॉ. चंद्रा नहीं रहे।"

"कौन डॉ. चंद्रा ?"

"आप नहीं जानते–आपने तो आज ही ज्वाइन किया है–यहाँ लेक्चरर थे–आर्किटेक्चरल इंजीनियरिंग में–विभाग से लौटकर गए, एक उल्टी हुई–बस खत्म। उनकी पत्नी भी टंडन साहब के प्रोजेक्ट में काम करती हैं···"

विष्णु नारायण की समझ में नहीं आया कि वे क्या करें। उन्हें लगा कोई चीज उनकी पीठ में नीचे से ऊपर तक सीधी रेखा में अपना डंक चुभाती चली जा रही है। उन्होंने दो-तीन बार पीठ पर हाथ फेरा परंतु काटे जाने का वह अहसास खत्म नहीं हुआ।

रामलखन बाबू ने ही कहा, "···वक्त की बात देखिए···आज ही आपने ज्वाइन किया और आज ही ऐसा हो गया, इसमें आपकी क्या खता।" फिर धीरे से बोला, "उनके यहाँ आप जरूर हो लीजिए···"

वह उसका मुँह देखता रह गया।

"कहाँ रहते हैं ?"

"यहीं कैंपस में। महावीर चपरासी आपके साथ चला जाएगा।"

एकाएक फोन की घंटी बजी। विष्णु नारायण ने मेज पर रखे तीन रिसीवरों की ओर घबराहट के साथ देखा। उन्हें यह समझ में नहीं आ रहा था कि घंटी किस फोन की है। रामलखन बाबू ने लाल फोन का रिसीवर उठाकर उनकी तरफ बढ़ा दिया। निदेशक बोल रहे थे। वह खड़ा हो गया। रामलखन बाबू मुस्कुराने को हुए पर मुस्कुराए नहीं। वे कह रहे थे, "मि. नारायण, आपको पता चला–डॉ. चंद्रा की अचानक मृत्यु हो गई ?"

"अभी रामलखन बाबू बता रहे थे।"

"आप जाएँगे ?"

"जी, ऐसे में तो जाना ही चाहिए।"

"ऐसा कीजिए मैं चल रहा हूँ। आप मेरे साथ ही चले चलिए···"

"जैसा आप ठीक समझें, सर।"

"मेरे ख्याल से यही ठीक रहेगा। आप यहीं चले आइए।"

विष्णु नारायण का चेहरा बुरी तरह उतर गया था। उसे लग रहा था कि उसके पैरों की आधी जान निकल कर धरती में समा गई है। उसने रामलखन बाबू से कहा, "डायरेक्टर साहब ने बुलाया है—उन्हीं के साथ हो आता हूँ।"

"यह आपने अच्छा सोचा। उनके साथ जाना ठीक रहेगा।"

"क्या मतलब ?"

"आप नए हैं न, इसलिए कह रहा था।"

विष्णु नारायण बिना रामलखन बाबू की तरफ देखे बाहर निकल गया।

निदेशक बाहर ही इंतजार कर रहे थे। देखते ही बोले, "आइए, शायद लाश ले जाने ही वाले हैं।"

विष्णु नारायण चुपचाप जीना उतरने लगा। उसके पाँव काँप रहे थे। सबसे बड़ा डर था कि पता नहीं लोग क्या सोचेंगे। रामलखन बाबू की बात उसके कान में गूँज रही थी। वह निदेशक के बराबर में इस तरह बैठा था जैसे सीट में धँस गया हो।

डायरेक्टर ही बोले, "मि. नारायण, यह बहुत ही अजीब जगह है—यहाँ किसी की जबान को कोई लगाम नहीं। दो साल पहले एक लड़का मर गया था। हमारे ही अस्पताल में मरा। जिस डॉक्टर को ड्यूटी पर होना चाहिए था वह पहुँचा नहीं था···दूसरा डॉक्टर था जो ड्यूटी ऑफ करके जा चुका था—लड़के के साथ वालों ने ड्यूटी खत्म करके गए डॉक्टर को फोन किया। उसने वही कहा जो उसे कहना चाहिए था। दूसरे डॉक्टर को फोन किया तो उसके घर किसी ने फोन नहीं उठाया···तीसरी एक और डॉक्टर को फोन किया तो वह बेचारी यह सोचकर चली आई कि पता नहीं क्या इमरजेंसी है। आकर देखा तो मरीज की अंतिम साँस चल रही थी। वह घबराई—उसने ड्यूटीवाले डॉक्टर को बुलाने भेजा तब तक लड़का मर गया। बस तूफान मच गया—डॉक्टरनी को सस्पेंड किया गया···डायरेक्टर का इस्तीफा माँगा गया···भला डायरेक्टर बीच में कहाँ से आ गया—खैर, मैं तो तब नहीं था···। कुछ पता नहीं कब किसके साथ क्या हो जाए और किससे उसकी कीमत चुकाने को कहा जाए। इसीलिए मैंने सोचा आपको साथ ले लूँ—नहीं तो लोग कहेंगे कि प्रशासनिक अधिकारी आया तक नहीं। हालाँकि ऐसे ही हालात में जब वर्मा मरे थे तो कोई झाँकने तक नहीं गया था···"

निदेशक लगातार बोलते जा रहे थे। उन्होंने रुककर विष्णु नारायण की तरफ देखा। उसकी आँखें बंद थीं और बरोनियों पर बूँदें छलछला आई थीं। निदेशक ने

उसके कंधे पर हाथ रख दिया, "अरे, इसमें घबराने की क्या बात है ! प्रशासन में ऐसे काम नहीं चलता।"

"कुछ नहीं सर, मैंने कभी सोचा भी नहीं था..."

"ओह नो, आप क्यों परेशान होते हैं ? आपका इसमें क्या कसूर ? मैं आपके साथ हूँ। मैंने कहा ना, प्रशासन में भावुकता काम नहीं आती।"

"मुझे लगता है, कहीं मेरा आना ही तो..."

निदेशक हँसे और बोले, "मालूम है चंद्रा की मौत का कारण किसको समझा जा रहा है ?... आर्किटेक्चरल इंजीनियर के टॉप प्रोफेसर टंडन को...लोग कहते हैं उसने चंद्रा का प्रमोशन पिछले पाँच सालों से रोका हुआ है। हर बार वह उसे एश्योर करता है और हर बार एक्सपर्ट्स से कहकर रिजेक्ट करा देता है। कारण जानते हैं—चंद्रा पेपर्स लिख-लिख कर टंडन के नाम से छपवाते रहे। उसे डर था प्रमोशन हो जाने पर कहीं वह हरी झंडी न दिखा दे। चंद्रा इंटेलीजेंट था...टंडन ही उसे लाए भी थे।"

"नहीं सर, ऐसा कैसे हो सकता है ? इतने बड़े लोग ऐसा नहीं कर सकते।"

"और क्या छोटे लोग करेंगे ? उन्हें क्या पड़ी है ?" कहकर डायरेक्टर जोर से हँस दिए। फिर बोले, "देखना टंडन कितना रोएगा और कितनी लंबी-चौड़ी बात करेगा। यू विल सी।"

विष्णु नारायण को निदेशक का पहले दिन इतना खुलकर बात करना कुछ विचित्र-सा लग रहा था।

वे लोग जब डॉ. चंद्रा के घर पहुँचे तो तैयारी हो चुकी थी। निदेशक के वहाँ पहुँचते ही एक बार सन्नाटा छा गया। दो-तीन मिनट तक अंदर से केवल स्त्रियों के सिसकने और रोने की आवाजें आती रहीं। पहले लोग निदेशक को देखते थे फिर उन सबकी नजर विष्णु नारायण पर ठहर जाती थी। वह गर्दन नीची किए निदेशक के पीछे-पीछे चल रहा था। डॉ. टंडन उस कमरे के दरवाजे पर ही मिले जहाँ शव रखा था। आँखें सूजी हुईं और आवाज बैठी हुई। वे छूटते ही निदेशक से लिपट गए, "डॉ. प्रयाग, मेरा बेटा चला गया..." निदेशक ने कनखी से विष्णु नारायण की ओर देखा। विष्णु नारायण की नजरें भी इत्तफाक से उन्हें ही देख रही थीं।

थोड़ी देर बाद जब डॉ. टंडन शांत हुए तो निदेशक ने धीरे से परिचय कराया, "ये हमारे नए प्रशासनिक अधिकारी हैं—जब से सुना बहुत अपसेट हैं...बेचारों ने आज ही ज्वाइन किया है।" उन्होंने विष्णु नारायण की तरफ ऐसे देखा जैसे यज्ञस्थली में वर्जित प्राणी आ गया हो। उसने नमस्ते की तो डॉ. टंडन ने गर्दन हिला दी।

"क्या ये विनोद को जानते हैं ?"

"नहीं, ये बेचारे क्या जानें ?"

"इनको आपने बेकार तकलीफ दी..." कहते हुए वे निदेशक का हाथ पकड़कर डॉ. चंद्रा के शव के पास ले गए। औरतें और जोर-जोर से रोने लगीं। निदेशक खामोश करने की कोशिश करते रहे। डॉ. टंडन ने भी उसी लहजे में कहा, "अब चंदना का क्या होगा ?"

इस बात को सुनकर जो स्त्री पछाड़ खाकर गिरी थी, उनकी बात से लगा था, टंडन साहब ने उसी का जिक्र किया है। उसके बाल कटे हुए और नई चलन के थे। टंडन ने फिर जोड़ा, "विनोद और चंदना का आदर्श जोड़ा था।"

इस बार उस स्त्री ने सर पीट लिया और जोर से बोली, "मुझे भी उन्हीं के साथ जाने दो।"

निदेशक बाहर निकल आए। टंडन साहब भी पीछे-पीछे आ गए। उनकी नजर फिर विष्णु नारायण पर पड़ी तो गर्दन स्वतः ही दूसरी तरफ घूम गई। निदेशक ने आकर विष्णु नारायण से कहा, "आप गाड़ी लेकर चले जाएँ और देखें कि मुर्दाघाट पर सब इंतजाम ठीक है या नहीं।"

"चंदेश जा चुके हैं, वे अपने आप सब देख लेंगे।" टंडन ने काफी खुश्क आवाज में कहा।

"तो फिर देर क्या है, चला जाए।"

"चंदना बहुत परेशान है...ले जाने नहीं दे रही। आप उसे जरा ढाढ़स बँधा दें...इतना कह दें कि उसका पूरी तरह ख्याल रखा जाएगा।"

निदेशक जरा-सी ऊँची आवाज में बोले, "यह कोई मौका है ? मेरे ख्याल से अब ले चलना चाहिए। दिन ढल जाने पर दाह-संस्कार में परेशानी होगी।"

टंडन साहब ने फिर कोशिश की, "आपकी बात का उस पर असर होगा... ।"

निदेशक ने बात को काटते हुए कहा, "आपका असर होगा या मेरा...? मिसेज चंद्रा आपके प्रोजेक्ट में काम कर रही हैं...चंद्रा साहब आपके स्टूडेंट थे।"

"प्रोजेक्ट तो साल-भर का है। उसके सामने सबसे बड़ा सवाल यही है...आगे

वह क्या करेगी ?" टंडन साहब विष्णु नारायण की तरफ पूरी तरह से पीठ किए हुए खड़े थे। और कोशिश कर रहे थे कि वह उनकी बात न सुन पाए।

"यह बात तो बाद में भी हो सकती है—और फिर देखना पड़ेगा कहाँ गुंजाइश है कहाँ नहीं।"

टंडन साहब एक क्षण खड़े रहे फिर जाकर अंदर बोले, "चंदना बेटा, अब जाने दे—शाम हो जाएगी—अब तो जाना ही है कब तक रोएगी ? मेरे और डायरेक्टर साहब के होते तू क्यों परवाह करती है…"

उनकी इस बात पर एक बार फिर कोहराम मच गया। चार छह लोगों ने शव उठाकर अर्थी पर रखा और सुतली कलावे की डोरपी से कसने लगे। पंद्रह-बीस मिनट में अर्थी उठ गई। मिसेज चंद्रा उठकर दौड़ीं…मुझे कहाँ छोड़े जा रहे हो…मैं किसके सहारे रहूँगी—ये दोनों बच्चे किसे पापा कहेंगे—? लेकिन घर वालों ने आगे बढ़कर पकड़ लिया और अंदर ले गए।

अर्थी बाहर आई तो निदेशक ने विष्णु नारायण को इशारा किया। विष्णु नारायण ने आगे बढ़कर कंधा दिया। पीछे से किसी ने पूछा, "यह कौन है ?" तब तक शायद बात फैल चुकी थी। किसी ने जवाब दिया, "नया प्रशासन अधिकारी।" किसी और ने कहा, "बड़ी मुश्किल से पहलेवाले से पीछा छूटा था…"

तीसरे ने पूछा, "कब ज्वाइन किया ?"

"सुना है आज सवेरे।"

"आते ही बलि ले ली।"

"जब आगज ऐसा है तो अंजाम क्या होगा ?"

विष्णु नारायण को लगा, उसके पाँव आपस में टकरा रहे हैं। तभी पीछे से किसी ने धकेलते हुए उसके कंधे की जगह अपना कंधा लगा दिया। वह हटा तो देखा, डॉ. टंडन उसे घूरकर देख रहे थे।

उसने इधर-उधर देखा। निदेशक उसे कहीं नजर नहीं आ रहे थे। वह पीछे छूटता गया। उरो लगा उसके पास से गुजरते हुए सब उसी की ओर देखते जा रहे हैं …राम नाम सत्य की जगह कहते जा रहे हैं—विष्णु नारायण हत्यारा है…विष्णु नारायण हत्यारा है !

वे लोग आगे चलते गए। विष्णु नारायण पीछे छूटता गया।

विष्णु नारायण जब अगले दिन दफ्तर के लिए आया तो न जाने कैसे उसे लगा कि उसे मुख्य सड़क से नहीं जाना चाहिए। वहाँ लोग हाथ में तारकोल लिए उसका इंतजार कर रहे हैं। तभी उसे उस पगडंडी की तलाश करनी पड़ी। उसी पर से होकर जाते हुए उसे ऊँचे-ऊँचे दरख्तों के बीच से गुजरना पड़ा। चिड़ियाँ लगातार चहचहा रही थीं। दरख्तों का वस्त्र-परिवर्तन आरंभिक स्थिति में था। कुछ नए वस्त्र पहनने से पहली स्थिति में आ गए थे। एकदम नंगे। कुछ ने वस्त्र धारण करने शुरू किए थे। वह कुछ देर तक वहीं खड़ा उन्हें देखता रहा था। उधर से निकलनेवाले अधिकतर पैदल और सामान्य कर्मचारी थे। चूँकि उन लोगों को उससे लेना-देना नहीं था और न वे उसे जानते ही थे इसलिए वे बिना उसकी ओर ध्यान दिए अपने रास्ते चले जा रहे थे। उसका मन था कि वह थोड़ी देर वहीं ठहरा रहे। वक्त हो चुका था। वह लपक कर चला। एकाएक किसी ने उसे नमस्ते की। उसे आश्चर्य हुआ। उसे नमस्ते करनेवाला कौन व्यक्ति है ? इस वर्ग में बहुत से लोग ऐसे होते हैं जो हर मिलनेवाले को नमस्ते या राम राम करते चलते हैं। हर-एक को नमस्ते या राम राम करने को पुण्य कमाने की विधि मानते हैं। नमस्ते करनेवाले आदमी को देखने के चक्कर में विष्णु नारायण का पाँव किसी चीज से टकरा गया। वह गिरते-गिरते बचा। नमस्कार करनेवाला आदमी शायद आगे निकल गया था। इस घटना से उसे थोड़ी ग्लानि हुई। यह इतनी बड़ी बात नहीं थी कि देखकर न चला जाए। ऐसे काम कैसे चलेगा ? जब तक वह अपने कमरे में नहीं पहुँचा तब तक उसकी टाँगों में अजीब-सी कँपकँपी बनी रही। कमरे में पहुँचकर वह थोड़ी देर चुपचाप बैठा रहा। आज कल से भी ज्यादा सन्नाटा था।

निदेशक के यहाँ से फोन आया। उन्होंने बुलाया था। विष्णु नारायण के मन में कमरे से बाहर निकलकर उन कॉरीडोरों से होकर, जाने में थोड़ी हिचक-सी महसूस हुई, जिनसे वह कल निकला था। हो सकता है वे सब लोग अभी भी खड़े हों जो कल उसे देखकर अजीब-अजीब मुद्राएँ बना रहे थे। जैसे ही वह कमरे से निकला तो जो लोग बाहर खड़े थे, उसे निकलते देख अंदर चले गए। एक बार को उसे लगा—क्या वे लोग भी उसे नापसंद करने लगे ? लेकिन फिर उसे कलवाली बात याद आ गई। ओह तो उन पर कलवाली बात का असर हो गया ! उसे अपनी स्थिति मजबूत होती महसूस हुई। उसके होठों पर हल्की-सी मुस्कान उतरने को हुई। लेकिन वह जज्ब कर गया।

निदेशक अकेले थे और गर्दन झुकाए कुछ लिख रहे थे। उसने जाकर नमस्कार किया तो उन्होंने बिना ऊपर देखे ही गर्दन हिला दी। वह खड़ा रहा। उन्होंने गर्दन झुकाए-झुकाए ही उसे बैठने का इशारा किया। वह बैठ गया। विष्णु नारायण के मन में उधेड़बुन बनी रही। थोड़ी देर बाद काम खत्म हुआ तो उन्होंने उसकी तरफ देखा, "मि. नारायण, कल की घटनाओं का मुझे बहुत दुख है—आप हिम्मत बिल्कुल न हारें। जब आप जम जाएँगे तो यही सब लोग आपके पीछे घूमेंगे।" फिर बोले, "आज डॉ. चंद्रा की शोक-सभा है। सामान्य विभाग के सुपरिंटेंडेंट को बुलाकर कह दीजिए—माइक का इंतजाम कराए—और मैसेज तैयार करा ले। आप लेकर मेरे साथ चलेंगे। समझे ?"

"कहाँ जाना होगा ?"

"उधर क्वाड्रेंगिल में—अभी जाकर नोटिस निकलवा दें। मैसेज हिंदी और अँग्रेजी दोनों में। हिंदी का मैसेज आप पढ़ दीजिएगा। मुझे हिंदी पढ़ने में दिक्कत होती है।"

उसके चेहरे पर थोड़ी परेशानी आ गई।

निदेशक चेहरे की तरफ बिना ध्यान दिए बोले, "आपको अपनी जगह बनानी है। यह सब एक़ाध रोज चलता है।"

वह बाहर निकल आया।

शाम को चार बजे शोक-सभा में निदेशक ने छोटा-सा भाषण दिया और अँग्रेजी में संदेश पढ़ा। फिर कहा, "अब हमारे नए प्रशासन अधिकारी हिंदी में संदेश पढ़ेंगे।"

सब लोगों की नजरें उसकी तरफ उठ गईं। उसे वे नजरें जगह-जगह पर से अपने आर-पार जाती महसूस हुईं। अपने-आपको संयत करके उसने हिंदी का वह शोक-संदेश पढ़ डाला। पढ़ चुकने के बाद निदेशक ने दो मिनट मौन खड़े रहकर दिवंगत की आत्मा की शांति के लिए प्रार्थना करने के लिए कहा। सब लोग हाथ बाँधकर आँखें बंद करके खड़े हो गए। वह निदेशक के साथ ऊँची सीढ़ियों पर खड़ा था। आँख बंद किए होने के बावजूद उसकी आँख बार-बार खुल जाती थी। लोग आँखें खोल-खोलकर बीच-बीच में उसे देख रहे थे। वह फौरन आँख बंद कर लेता था। फिर दूसरी तरफ आँख खुलती थी तो वहाँ भी लोग आँखें खोलकर उसी तरह उसे देखते नजर आते थे।

एक आध बार निदेशक ने भी इस दौरान आँखें खोलकर उसकी तरफ देखा था। वे बमुश्किल तमाम अपनी मुस्कराहट दबा पाए थे।

लौटते समय वे ऊपरवाले कॉरीडोर से ही लौटे। सारी बिल्डिंगों की पहली मंजिल खुले कॉरीडोर से जुड़ी थी। नीचे लोग शोक-सभा से वापस लौट रहे थे। चूँकि जवान

मौत थी इसलिए लोगों की संख्या काफी थी। उन लोगों के बीच मृत्यु से ज्यादा नए प्रशासन अधिकारी की चर्चा थी।

लोगों की चाल से पता चल रहा था कि कौन किस वर्ग का था। बड़े लोग, यानी फैकल्टी और अधिकारी तेजी से चलते हुए धीरे चलनेवालों के बीच से होते हुए आगे निकल रहे थे। बातें करते हुए भी उनकी गर्दनें नीची थीं। खामोशी थोड़ी देर तो रही थी अब कहकहे लगने शुरू हो गए थे। उन कहकहों में कई तरह के मुद्दे थे। एक लड़की नई-नई आई थी और अपनी खूबसूरती के बल पर अपने कई साथियों से जबर-जोरी कर चुकी थी। कुछ नौजवान बाबू लोग पीछे से उस पर फब्तियाँ कस रहे थे। निदेशक ने एक जैनेरेटर खरीदा था। उसको लेकर विरोधियों ने काफी वितंडावाद खड़ा किया हुआ था। उनका नेता डीन नंबर दो था। उसका नाम डॉ. मिलन था। उन लोगों का कहना था कि निदेशक अपने पी. ए. के जरिए पाँच प्रतिशत दलाली खा गए। दलाली का जिक्र आते ही लोग जोर-जोर से बोलने लगते थे। कुछ लोग विरोध में भी थे। वे निदेशक के विपक्षियों की बेईमानी उजागर करना शुरू कर देते थे। उसका नतीजा यह होता था कि उन पर बड़ी आसानी से चमचा नाम दाग दिया जाता था। भले ही वे सच कह रहे हों। दरअसल ऐसे मामलों में वाचाल और पक्षधर छोटा वर्ग ही अधिक होता है। वही सही और गलत के लिए लड़ा करता है। चाहे पता कुछ भी न हो। ऊपर के लोग अव्वल तो खामोश रहते हैं, और अगर बोलते भी हैं तो उतना ही जितना बात के समर्थन में बोलना जरूरी होता है।

चूँकि नया प्रशासन अधिकारी इतना नया था कि उसके बारे में राय बनाने के लिए मसाला उपलब्ध नहीं था। यह भी संभव नहीं था कि मसाले के अभाव में वे उसके बारे में बात ही न करते। अतः उन्होंने फौरी तौर पर उसकी शक्ल, कपड़े और पढ़ने के ढंग को मुद्दा बना लिया। उनका ख्याल था, शक्ल भले ही ठीक-ठाक हो परंतु अच्छी शक्ल हमेशा धोखे की टट्टी होती है। इसलिए शक्ल पर जाकर कोई निर्णय लेना मूर्खता की बात होगी। कोई भी बात तभी बात का स्टेटस पाती है जब उसका विरोध हो। चाहे खाने की ही बात क्यों न हो। एक कहेगा खाना अभी खा लेना चाहिए, दूसरा कहेगा नहीं खाना घंटे-भर बाद खाया जाएगा। चाहे फिर दस मिनट बाद ही खा लिया जाए। पर बात को बात तो बनाना ही है। इसलिए प्रशासनिक अधिकारी की शक्लवाली बात के बारे में भी विरोधी मत पैदा हो गया। आप क्या बात करते हैं ! शक्ल दिल का आईना है। अगर शक्ल पर कोई बात नहीं तो आदमी में भी नहीं हो सकती। अरे भाई, और कुछ न हो तो आँखों में झाँककर

देख लो, अंदाज लग जाएगा कि अंदर कितनी गाद बैठी है। दूसरा उसी बात को अपनी समस्त कल्पनाशीलता के साथ अपने शब्दों में कहता है। उसकी आँखों से ही यह भी पता चलता है कि जल कितना निर्मल है। बात कपड़ों पर आई। वही दो पक्ष। कपड़े तो ठीक-ठाक पहने हैं। जब हमारे सक्सेना साहब आए थे तो जीन की पतलून और पॉपलीन की कमीज पहनते थे। जाड़ों में स्वेटर डाल लेते थे। दूसरा पक्ष कहता था– अब जमाना कितना बदल गया। कौन पहनता है वैसे कपड़े! सक्सेना साहब तुमसे भी नीची पोस्ट पर आए थे। यह शख्स इतनी बड़ी पोस्ट पर आया है तो क्या लँगोट पहनकर आता! बात ऐसी करो जिसका कोई मतलब हो। जहाँ तक पढ़ने की बात है, अगर चार लाइन का संदेश ठीक-ठाक पढ़ भी लिया तो कौन-सा कद्दू में तीर मार दिया। वो भी हिंदी में–। कितने पढ़ पाते हैं ? साले अँग्रेजी में गिटपिट कर लेंगे पर हिंदी बोलते माँ मरती है–। अरे ठीक है। देख लेना वर्मा का बाप निकलेगा। देखी इसकी गर्दन और आँखों का रंग ! भई, निकले किसी का भी बाप या भाई पर एक बात तो मानोगे ही कि अपने नए प्रशासन अधिकारी का पहला परिचय हुआ तो कहाँ–शोक-सभा में। कहीं बेचारे का प्रशासन की जगह शोक-सभा अधिकारी नाम न पड़ जाए !

अंतिम बात ने लोगों को हँसा दिया। जोर से हँसे तो दोनों ने झाँककर नीचे देखा। जिन्होंने उन्हें झाँकते हुए देख लिया था वे चुप हो गए। बाकी के कहकहे जारी रहे। बाद में जब पता चला कि निदेशक और प्रशासन अधिकारी झाँक रहे थे तो एक मिनट को तो चुप्पी रही। फिर बोले–अरे हँस ही तो रहे थे, चोरी तो नहीं कर रहे थे–देख लिया तो क्या कर लेंगे ? उन्हें इतना ही रोना आ रहा है तो रोएँ बैठकर।

अगले दिन प्रशासन अधिकारी के हस्ताक्षरों से एक नोटिस निकला कि निदेशक आशा करते हैं कि संस्थान-परिवार के सदस्य शोक-सभाओं से लौटते हुए जहाँ तक हो माहौल की गंभीरता बनाए रखें। यह मौका गम और सहानुभूति का होता है। अतः हम सबका व्यवहार भी उसी के अनुरूप होना चाहिए। इससे मृत आत्मा को शांति मिलती है। आशा है भविष्य में इस बात का ध्यान रखा जाएगा।

इस तरह का नोटिस पहली बार निकला था। लोग यह फैसला नहीं कर पाए कि इसके पीछे कौन है–प्रशासन अधिकारी या निदेशक।

विष्णु नारायण ने पदभार ग्रहण करने के बाद कुछ समय अधीनस्थ लोगों से मिलने में लगाया। वह सवेरे दफ्तर का काम देखता था और अधीनस्थ लोगों से मिलता था। शाम को वह संस्थान के महत्त्वपूर्ण लोगों से मिलने में गुजारता था।

निदेशक ने भी इस बात का संकेत दे दिया था कि वह अधिक-से-अधिक लोगों से मिले और संपर्क बनाए। खासतौर से उनसे जो यहाँ के पंडा हैं। पंडा दोनों ही पक्षों में समान रूप से हैं, लेकिन वह शशोपंज में था कि दरअसल वह क्या करे ? उसके अधीनस्थ और अन्य विभागों में काम करनेवाले सामान्य लोग मिलते थे तो उसे बताते थे कि अगर आपको समर्थन पाना है और इज्जत से रहना है तो इन लोगों से दूर रहें। ये सब पावर-गेम खेलते हैं। इन्हें सुविधा भी है—कुर्सी के इर्द-गिर्द रहने की। काम भी ले लेंगे और उस वक्त हाथ छोड़ेंगे जब आप गले तक डूब चुके हों। आप न तैर पाएँगे और न उछलकर बाहर आ सकेंगे। वे डॉ. अनंग का किस्सा सुना देते थे। डॉ. अनंग को किस तरह बिना अपनी बात कहने का मौका दिए बर्खास्त कर दिया गया था। सिर्फ इसलिए क्योंकि वे उन दैनिक वेतन कर्मचारियों के साथ थे जो पाँच-पाँच, छह-छह साल काम करने के बाद नियमित नौकरी की माँग कर रहे थे। उन्हें यहाँ के निदेशक 'कुत्ता' कहते थे। जिस प्रकार ब्रिटिश सरकार के जमाने में हिंदुस्तानियों को कुत्ता कहा जाता था, उसी प्रकार उत्तर भारत के इन लोगों को यहाँ कुत्ता कहा जाता था।

उसे उनकी बात पर कतई विश्वास नहीं होता था। क्योंकि यह संभव ही नहीं था कि बिना अपनी बात कहने का मौका दिए किसी को बर्खास्त कर दिया जाए और वह भी एक इतने बड़े शिक्षा संस्थान में। लेकिन वह कहता कुछ नहीं था। सिर्फ सुन लेता था। वैसे भी सुना था कि डॉ. अनंग अध्यापक वर्ग का आदमी था। कोई बाबू-साबू थोड़े ही था।

विष्णु नारायण को उस दिन बड़ा आश्चर्य हुआ जब वह डॉ. देसाई यानी डीन नं. एक से मिलने गया। डॉ. देसाई उसके साक्षात्कार में भी थे। वे जबान को मरोड़कर बोलते थे। वैसे तो उन्होंने उठकर हाथ मिलाया। जो लोग वहाँ बैठे थे उन्हें तत्काल विदा कर दिया। पहले उन्होंने विष्णु नारायण से उसके परिवार, अनुभव और रुचियों के बारे पूछा। फिर पूछा वहाँ उसे कैसा लग रहा है। इन सब औपचारिकताओं के बाद डॉ. देसाई ने इंटरव्यू की बात बताई कि उनका इंटरव्यू कैसा हुआ था। लोगों का सामान्य विचार क्या था, किस प्रकार वे यानी डॉ. देसाई उनके प्रश्नों से प्रसन्न होकर अन्य सदस्यों से उसके लिए लड़े थे। विष्णु नारायण उनकी बातें बहुत धैर्य से सुन रहा था। लेकिन एकाएक उनकी पूरी की पूरी बात पलट कर दूसरी दिशा में चली गई। वे प्रशासन, फैकल्टी और अन्य कर्मचारियों के पारस्परिक संबंधों पर बात करने लगे। विष्णु नारायण को सबसे अधिक आश्चर्य बात शुरू करने के ढंग पर हुआ। उन्होंने सबसे पहली बात यही कही, "मि. नारायण, आपको मालूम ही

है कि हमारा यह संस्थान देश के इने-गिने संस्थानों में है। यहाँ पर जितनी भी फैकल्टी है उसने विदेशों में ज्ञान-अर्जन किया है—ये लोग चाहते तो वहीं रहकर जिंदगी गुजार सकते थे लेकिन उनके दिलों में देशप्रेम है। वे 35-40 हजार डालर सालाना की नौकरी पर लात मारकर आए हैं। मैं खुद आया। पी-एच. डी. करते ही मुझे अपने देश की याद सताने लगी थी। हममें से कोई ऐसा नहीं कि अपनी योग्यता के कारण उसकी पूछ विदेशों में न हो। हम लोग किसी भी समय इस संस्थान को छोड़कर कहीं भी जा सकते हैं लेकिन हम ऐसा नहीं करेंगे। हमें इस संस्थान से प्यार है, हमें इस देश से प्यार है। लेकिन हम इस संस्थान को बरबाद होते नहीं देख सकते। 1970 में जब कर्मचारियों का संघ बना, उनकी रोजी-रोटी की बात आई, डॉ. अनंग को निकाला गया, तब हम उनके साथ थे। साथ होने की वजह थी रोजी-रोटी का सवाल, अन्याय का विरोध; परंतु अब यूनियनबाजी ने इस संस्थान को अकर्मण्यता के गर्त में ढकेल दिया। कोई काम नहीं करना चाहता। वे चाहते हैं कि संस्थान उन्हें घर बैठे रोटी दे। वे भूल जाते हैं कि ये सब लोग संस्थान के लिए हैं। संस्थान इनके लिए नहीं। वे छात्रों-शिक्षकों के पर्याय कभी नहीं हो सकते। वे केवल सहायक मात्र हैं। उद्देश्य की पूर्ति उन्हें नहीं करनी है। वह छात्रों द्वारा होगी और फैकल्टी के द्वारा होगी। आपको शायद मालूम नहीं, हमारे संस्थान के छात्रों का विदेशों में कितना महत्त्व है। अंतिम सेमेस्टर खत्म होते-होते एम. आई. टी. जैसे विश्वविद्यालयों से निमंत्रण आने शुरू हो जाते हैं। हमारा दोयम दर्जे का छात्र भी वहाँ वही सम्मान पाता है जो वहाँ का प्रथम श्रेणी का…"

विष्णु नारायण को चुपचाप सुनते रहना चाहिए था पर वह बीच में ही बोल पड़ा, "कुछ छात्र इस देश के लिए तो बच ही जाते होंगे ?"

डॉ. देसाई ने पहले तो उसके चेहरे की तरफ देखा, फिर उसकी नीयत के बारे में अपने को आश्वस्त करके बोले, "मि. नारायण आप इस मुल्क की हालत नहीं जानते—यहाँ उनकी योग्यता की कीमत कौन चुका सकता है ? आपका हाइडल डिपार्टमेंट या पब्लिक वर्क्स डिपार्टमेंट या आपके रीजनल इंजीनियरिंग कॉलेज या भुक्खड़ विश्वविद्यालय जहाँ रिसर्च करने की न्यूनतम सुविधाएँ तक नहीं। न सुविधाएँ हैं और न सम्मान…तो भला वे यहाँ क्यों रहें, उन्हें क्या मिलेगा ? वह तो जवाहरलाल नेहरू की दूरदर्शिता थी कि उन्होंने इस स्तर के संस्थान इस मुल्क में खुलवाए जहाँ शिक्षा का कोई महत्त्व तक नहीं। जवाहरलाल नेहरू को यह संस्थान उस महान् देश के महान् राष्ट्रपति कैनेडी द्वारा एक यादगार के रूप में भेंट किया गया था। हम उसे सँभालकर भी नहीं रख पाए—उन दोनों की आत्मा को कितना दुःख हो रहा

होगा !"

विष्णु नारायण को पता नहीं क्या सूझा, वह फिर बोल उठा, "जवाहरलाल जी ने क्या सोचा था यह तो पता नहीं, पर यह जरूर हुआ कि देश के लिए साइंस टेक्नॉलॉजी का मजबूत और विस्तृत आधार बनने की जगह ये बन गए विदेशों के लिए··· ।"

बस, गनीमत यही हुई कि कहते समय विष्णु नारायण के चेहरे का भाव नहीं बदला। डॉ. देसाई ने उसकी तरफ थोड़ा उखड़कर देखा, "क्या मतलब ?"

"मतलब यही कि जब सब योग्य छात्र विदेश चले जाते हैं तो फिर देश को तो कोई खास फायदा पहुँचता नहीं होगा–?"

इस प्रश्न का उत्तर डॉ. देसाई के पास था इसलिए उनका उखड़ना कम हो गया। वे बोले, "नहीं, यहाँ की बहुत-सी बड़ी-बड़ी इंडस्ट्रीज हमारे छात्रों को चौथे साल में ही चुन लेती हैं–मल्टीनेशनल्स तो खासतौर से, अनेक पब्लिक सेक्टर के लोग भी ले जाते हैं–"

"मतलब तो वही हुआ ना कि वे सब भी विदेशों के ही चक्कर लगाते रहते हैं।"

"खैर, मैं इस बहस में नहीं पड़ना चाहता। हमारी संस्कृति 'वसुधैव कुटंबकम्' की है। मेरा उद्देश्य तो सीमित था। आपको यहाँ की स्थिति से अवगत कराना। अब आप ही को देखना है कि प्रशासन ठीक चले। हम लोगों की रिसर्च और छात्रों की पढ़ाई में कोई व्यवधान न उत्पन्न हो। आपकी सफलता का यही मानदंड होगा। संसार के श्रेष्ठ रिसर्चर्स इस संस्थान में हैं। सतयुग में जंगलों में रहते थे। रिसर्च को उस जमाने में तपस्या कहते थे। आपने देखा कि राम को जाना पड़ा और राक्षसों को मारना पड़ा, जिससे उनकी रिसर्च आराम से चल सके। विदेशों में सरकार इस बात का विशेष ख्याल रखती है, इसीलिए वे उन्नति कर रहे हैं। आपके इस नगर को विदेशों में हमारी वजह से जाना जाता है। जिस विषय पर मैंने रिसर्च की थी, उस एरिया में काम करनेवाले आज भी वहाँ गौरव के साथ अपनी किताबों में मेरे काम का उद्धरण देते हैं। अगर आप प्रशासन के उच्चतर अधिकारी होने के नाते सपोर्टिंग स्टाफ को नियंत्रण में नहीं रखेंगे तो न छात्र अपना स्तर बनाए रख पाएँगे और न हम लोग फ्रंटल-एरियाज में अपना काम आगे बढ़ा पाएँगे–अगर प्रशासन ठीक चलता होता तो हम लोगों को यहाँ डीन बनकर प्रशासन की जिम्मेदारी नहीं लेनी पड़ती।"

"लगता है, आपकी रिसर्च का क्षेत्र आजकल प्रशासन ही है ?"

"यानी ?"

"आपका मूल्यवान समय जहाँ लगना चाहिए, वहाँ न लगकर इसी में जाया हो रहा है।"

डॉ. देसाई जोर से हँस दिए। लेकिन उनके हँसने में थोड़ी चिढ़ थी। हँस चुकने के बाद वे फौरन मुद्दे पर आ गए। "आपको दो काम करने होंगे। एक तो फैकल्टी को खुश रखना होगा—यानी उन्हें अपना पूरा सहयोग देना होगा—वे खुश रहेंगे तो आपका काम-नाम भी चलता रहेगा। दूसरे ये सब जो अपने को मजदूरों का खैरख्वाह बताते हैं उनसे अपने को दूर रखना होगा। क्योंकि फैकल्टी यह बर्दाश्त नहीं कर सकती कि जिनकी वजह से इस खूबसूरत संस्थान को इतना ज्यादा नुकसान पहुँचा, आप उसके समर्थक बन जाएँ। तीसरी बात जो थोड़ी नाजुक है—और उसे अपने तक ही रखें तो आपके हमारे सबके हित में होगा। वर्तमान निदेशक···अभी अस्थायी हैं। दिहाड़ी पर। (हँसकर कहा) यानी पूरी तरह टेंपरेरी। उन्हें वली-उल्लाह साहब लाए हैं—वली-उल्लाह साहब ने ही इन दो कौड़ी के लोगों का दिमाग खराब किया है—बड़े दरबार तक पहुँच थी—बड़े दरबार में यानी मिनिस्टर के मामू थे। खैर ! मैं यह सब आपको आतंकित करने के लिए नहीं कह रहा हूँ। केवल वस्तुस्थिति से अवगत करा रहा हूँ। यहाँ सब बातें बहुत फ्रैंकली होती हैं। कोई लागलपेट नहीं रहती। किसी तरह की गलतफहमी नहीं होनी चाहिए। उसका मतलब होता है—संस्थान का नुकसान। वैसे जहाँ काम का सवाल है—यहाँ हर काम मेथेडिकली होता है और होना भी चाहिए—हमारे पास फोर्थ जेनरेशन कंप्यूटर है जो किसी के पास नहीं—इस संस्थान में काम करना गौरव की बात होगी।"

तभी किसी का फोन आ गया। डॉ. देसाई ने कहा, "अच्छा मैं आता हूँ—वही बात कर रहा था।" उठते हुए विष्णु नारायण से बोले, "दरअसल हम कुछ लोग संस्थान के भविष्य के बारे में मिल रहे हैं—वे लोग मेरा इंतजार कर रहे हैं—किसी दिन बैठेंगे तो आपको इस संस्थान की कार्य-पद्धति के बारे में समझाएँगे, बहुत जरूरी है। खासतौर से नए आदमी के लिए।"

डॉ. देसाई पहले निकले, उनके पीछे विष्णु नारायण बाहर आया। बाहर आया तो डीन के ऑफिस का अधीक्षक खड़ा था। उसने झुककर नमस्कार किया और अपना परिचय देते हुए बोला, "मैं राममोहन खन्ना हूँ सर, आप आ गए बहुत खुशी की बात है। बधाई सर, डॉ. देसाई आपकी बहुत तारीफ कर रहे थे, 'बहुत दिन बाद इतना गतिशील व्यक्ति आया है'।"

अंतिम बात को वहीं समाप्त करने की गरज से विष्णु नारायण ने कहा, "आप

क्या उनके साथ हैं ?"

"जी, मैं इस दफ्तर का इंचार्ज हूँ।"

"अच्छा...आपसे मिलकर बहुत खुशी हुई।"

विष्णु नारायण आगे बढ़ने लगा। उसका बोलना जारी रहा, "आप आ गए हैं तो कुछ उम्मीदें बँधी हैं। वरना संस्थान दिन-पर-दिन नीचे खिसकता जा रहा है। फैकल्टी ही मालिक है—एकदम फैकल्टी—"

"फैकल्टी कहती है कि सपोर्टिंग स्टाफ काम नहीं करने देता। इस संस्थान की हालत उन लोगों की ही वजह से बिगड़ी है।"

वह थोड़ा घबरा गया, "यह बात तो सोलहों आने सही है। गिरावट तो आई है। जब तक सब मिलकर नहीं चलेंगे संस्थान ऊपर नहीं उठ सकता। मैं तो दोनों को ही गलत मानता हूँ। उन लोगों को फैकल्टी को अपना बड़ा समझना चाहिए और फैकल्टी को इनको अपना छोटा समझना चाहिए। आखिर कहीं तो गिरह लगानी ही होगी। आखिर यहाँ फैकल्टी इतनी पढ़ी-लिखी है—कोई ऐसा नहीं जो पाँच-सात साल विदेश में न रहा हो—"

"देश में सारी जिंदगी कटे तो कोई बात नहीं। विदेश में चार-छह साल रह लिए तो सुर्खाब के पर लग गए। क्यों ?" उसने हँसकर पूछा।

खन्ना 'हैं हैं' करके हँसा। फिर बोला, "साहब, यहाँ की फैकल्टी इस मामले में बहुत छुईमुई है—अब आप आ गए हैं तो जरूर कुछ होगा। अब तक तो सब कागज धकेलते थे। बस मेज पर से कागज हट जाए, चाहे जहाँ जाए। देसाई साहब यही तो कह रहे थे कि नए प्रशासन अफसर अपराइट आदमी हैं। ऐसे ही आदमी की जरूरत है।" फिर धीरे से बोला, "साहब, हम तो अपने काम से काम रखते हैं। यहाँ सब एक-दूसरे की जासूसी करते रहते हैं। अच्छा साहब चलूँ। मेरे लायक कोई भी काम हो तो फौरन हुक्म कीजिएगा। हम तो आप ही के मातहत हैं।"

विष्णु नारायण की समझ में कुछ भी नहीं आया कि इतनी सब बातों के पीछे उसका मतलब क्या था, वह क्या कहना चाहता था। डॉ. देसाई की बातें भी उसे अपने लिए कुछ ऐसी मालूम पड़ी थीं जैसे कोई गरू चीज निगलनी पड़ रही हो।

वह अपने कमरे की तरफ चला गया तो कई लोगों ने उसे सलाम किया। उसे अच्छा लगा। लोग उसे पहचानने लगे थे।

शाम को घर लौटने के लिए उसी ऊँटनुमा बेडौल और बेमजा सवारी का मजा लेना पड़ता था। उसमें परिसर के और भी बहुत से लोग बैठे होते थे। काफी लोग उसे पहचानने भी लगे थे। उनमें से कुछेक लोग उसे सलाम करते थे तो वह धर्म-

संकट में पड़ जाता था कि वह क्या करे। दरअसल, न जाने उसके दिमाग में यह एक कांपलेक्स था कि उन सबके साथ बैठने का मतलब है उनकी आजादी में खलल डालना। अपने-आपको नीचे उतारना। उनकी ही आजादी नहीं बल्कि अपनी भी आजादी उनके रहमोकरम पर छोड़ देना होगा। कोई जरा देर में कुछ कह दे तो वह क्या कर लेगा। एक दिन हुआ भी कुछ कुछ ऐसा ही। थोड़ा अनपेक्षित। एक मीटिंग की वजह से वह दफ्तर से कुछ देर में चला। हमेशा वह टैम्पो में ड्राइवर की बराबर वाली सीट पर डबल पैसे देकर बैठता था। लेकिन उस दिन टैम्पो चलने वाला था। आगे की सीट भर गई थी। देर हो ही चुकी थी। उसे पीछे ही बैठना पड़ा। अँधेरा हो गया था। यही अच्छा हुआ कि वह कोने में बैठा। इससे उसे बाहर देखते रहने में काफी मदद मिली। टैम्पो के चलने पर थोड़ी देर तो खामोशी रही। कोई भी सवारी क्यों न हो, जब वह चलती है तो पता नहीं क्यों, अचानक एक तरह की खामोशी छा जाती है। भय के कारण या उत्साह के कारण या अनिश्चितता के कारण। कारण कोई भी हो, बस हो जाती है। थोड़ी देर बाद बैठे हुए लोगों के बीच बातें शुरु हो गईं। चूँकि अँधेरा था इसलिए शक्लें पहचानना मुश्किल था। बीच-बीच में ट्रक या मोटरकारों की रोशनी पड़ जाती थी तो उजाला हो जाता था। लेकिन अपने ढंग से। कभी साइड से, कभी सामने से और कभी पीछे से। गाड़ी घूमकर बराबर से निकलती थी तो रोशनी कोई एक ज्यामितीय आकार बना लेती थी। कभी अंदर बैठे लोगों की गर्दन के नीचे, कभी चेहरे पर, और कभी घुटने ढँक लेती थी। बिल्कुल सामने से रोशनी आती थी तो आँखें चुँधिया जाती थीं और रोशनी की एक झीनी चादर-सी लिपट जाती थी। पीछे से आनेवाली रोशनी में कई बार किसी-किसी मुसाफिर के लंबे-लंबे बाल इस तरह हिलते नजर आते थे जैसे साँप की जीभ लहरा रही हो। उन पर अजीब-अजीब आकार बनते थे। घुटे हुए सिर उलटकर रखे हुए दौनो का अहसास कराने लगते थे। किसी खास कोण पर टिका कोई और अंग बिल्ली या कुत्ते की शक्ल बना देता था। जहाँ रोशनी पार हुई फिर वही अँधेरा।

जब बात शुरू हुई तो उनमें से एक ने कहा, "यार, इस संस्थान को तो बंद कर देना चाहिए—यहाँ कुछ नहीं होना जाना। सुना है नया प्रशासन अधिकारी आया है। उसकी टाँग खिचाई शुरू हो गई—अभी जमा नहीं, भाई लोगों ने लंगीबाजी शुरू कर दी।"

"शरीफ आदमी लगता है—कोई जाता है तो कायदे से बात करता है। टेकचंद की तनख्वाह रुक गई थी—छुट्टी-वुट्टी ज्यादा लेता है न—सवाल उठा कि बच्चे क्या खाएँगे तो भाई लोगों ने सोचा, हाथ लगे नए प्रशासन अधिकारी की सामर्थ्य

की परीक्षा ले ली जाए। उसे अंदर धकेल दिया—जाकर कहना कि बच्चे दो दिन से भूखे हैं—"

"इसमें कोई झूठ तो था नहीं—मेरे तो पड़ोस में ही रहता है। कई बार तो हमारी घरवाली ने उसके बच्चों को बुलाकर खिलाया—"

"यार, तुम और तुम्हारी घरवाली हर जगह जा घुसते हो—चाहे कोई विलायत में ही क्यों न रहता हो, तुम्हारी घरवाली—बात पूरी कर लेने दो—जा पहुँचती है। जैसे श्रीकृष्ण द्रौपदी के चीरहरण के वक्त पहुँच गए थे—वैसे तुम लोग चाहे कटी उँगली पर न मूतो।"

"तुम कौन दूध बहा देते हो—"

"हाँ यार तू बोल—इसकी तो आदत पड़ गई है। पता नहीं घरवाली को साथ ही क्यों नहीं रखता—जब सब-कुछ वही करती है तो उसे भी ले आया करे।"

अपनी घरवाली पर आक्षेप से तिलमिलाकर उसने कुछ बोलना चाहा पर पहले वाले ने बात शुरू कर दी, "टेकचंद कम घिसा हुआ थोड़े है—उसने पूरा नाटक किया। नए प्रशासन अधिकारी ने फोन उठाया और सक्सेना साहब को—सक्सेना साहब ने अपना पहाड़ा पढ़ाना शुरू किया। जब सक्सेना साहब कह चुके तो बोला—आपकी बात सही है, पर यह खाएगा क्या ? कानून की हिमायत करने के साथ हम लोगों को इंसान की भी हिमायत करनी चाहिए। यह भी देखना जरूरी है कि कानून किसी को बेवजह जिबह तो नहीं कर रहा है—आप इसे इस महीने की तो तनख्वाह दे दें फिर इसके केस का नोट बनवाकर अपनी राय के साथ भेज दें—ठीक है आप कहते हैं तो मैं लिखकर भेज देता हूँ। हम लोगों ने उसे प्रार्थना-पत्र तो देकर भेजा ही था।—उसने उसी पर जो कुछ कहा था सब लिख मारा—"

विष्णु नारायण उनकी बातें गौर से सुन रहा था। उसे आश्चर्य हो रहा था इन सबको अंदर की बातें कैसे पता चल गईं ? उसके बाद मि. सक्सेना डायरेक्टर के पास भी गए थे। बहाना यही बनाया था कि उस कागज पर उनके भी दस्तखत करा लें। पर डायरेक्टर ने झिड़क दिया—क्या मि. नारायण का लिखना काफी नहीं है ? उन्हें बैरंग वापस लौट जाना पड़ा। गनीमत है इन लोगों को आगे की बात नहीं पता।

तभी एक और बोला, "सच बात तो यह है कि शुरू में सब शरीफ और सखा बनते हैं—दूसरों की तकलीफ समझते हैं—सत्ता की बदगुमानी धीरे-धीरे उनकी संवेदनशील खाल को गेंडे की खाल बना देती है—फिर सब-कुछ महसूस होना बंद हो जाता है। जब डॉ. देसाई के पास बैठा था—वो महा गुरुघंटाल ! दस मिनट बात

कर ले तो आदमी को शीशे में उतार दे। वह तो यह मानकर ही चलता है कि उन लोगों के सिवाय हम सब चमर टोलावासी हैं—जबकि बात उल्टी है।''

''उससे क्या बनता-बिगड़ता है। आखिर अक्ल तो भगवान ने उसे भी दी होगी—नहीं तो इतनी बड़ी पोस्ट पर कैसे आ जाता ?''

''जब यों सब लोग अपने लहजे में अँग्रेजी बोलना शुरू करते हैं तो अच्छे-अच्छों की अक्ल घास चरने चली जाती है। वर्मा साहब कम अक्लमंद थे ? लेकिन क्या हुआ—घरघुसरा बनाकर छोड़ दिया। मरते मर गए पर कभी किसी ने उन्हें किसी समारोह या उत्सव में जाते देखा ? सिवाय उन समारोहों के जहाँ सरकारी तौर पर उनकी उपस्थिति को सरकारी 'कुरान' के अनुसार आवश्यक करार दे दी गई हो। पहले सब जगह जाते थे। जब उन्होंने कानून बताना, चू-चपड़ करनी शुरू की तो टके के दो बना दिए। अब देखिए कब तक चलता है—कहीं बाद में उसे भी बिना बल्ब का लैंप-पोस्ट बनाकर कोने में न खड़ा कर दिया जाए !'' सब हँस दिए।

विष्णु नारायण पत्थर कॉलेज वाले चौराहे पर उतरता था। वहाँ से रिक्शा लेकर वह अपने घर चला जाता था। वह वहीं उतर गया। पैसे दिए। टैम्पो आगे बढ़ गया। टैम्पो के चलते ही एक कहकहा उठा। क्यों उठा ? उसने इस सवाल का उत्तर तलाशना जरूरी नहीं समझा। रिक्शा ली और घर की तरफ चल पड़ा। थकान उस पर बुरी तरह हावी हो गई थी।

जब तक टैम्पो में बैठा रहता था, यही लगता था कि संस्थान के अंदर ही है। चौराहे के बाद जब रिक्शा में बैठ जाता था तब कहीं घर का अहसास शुरू होता था। सवेरा इसके बिल्कुल बरक्स था। दफ्तर का कुछ अंश तो सवेरे उठते ही चिंता बनकर पीछे लग लेता था। कपड़े पहनते-पहनते तो वह उसके कंधे पर पूरी तरह आसीन हो जाता था। जो वहाँ होनेवाला होता था वह उसका यहीं से घिराव शुरू कर देता था।

इधर घर में कई तरह की परेशानियाँ थीं। सबसे बड़ी परेशानी बड़ी बहन के स्वास्थ्य की थी। उन्होंने ही एक तरह से उसकी जिंदगी को इतना आसान बनाया था। दूसरी दोनों बेटियों की थी। दो साल के अंदर ही दोनों बेटियों को सेंट मेरीज में दाखिला कराया था। वह भी बड़ी मुश्किल से। पत्नी उनको वहाँ से हटाने के लिए बिल्कुल

तैयार नहीं थी। उसका ख्याल था कान्वेंट स्कूल बच्चों के दिमाग को माँज-माँज कर अलाउद्दीन के चिराग बना देते हैं। जो चाहे बन जाएँ। जो चाहे बना ले। तीसरी घटना उसके डेढ़ साल के बेटे के साथ घट गई थी। वह चलना नहीं सीख रहा था। सहारे से खड़ा करने पर भी उसका बायाँ पाँव ठीक तरह टिकता नहीं था। विष्णु नारायण उसे दिखाने की बात को कई दिन से टाल रहा था। एक दिन डॉ. दीक्षित को फोन किया तो उन्होंने कहा कि मैं शाम को उधर आऊँगा तो देख लूँगा। सब लोग शाम से इंतजार करते रहे। डॉक्टर साहब रात को दस बजे पहुँचे। बच्चा तब तक गहरी नींद में सो चुका था। उसे सोते से उठा कर लाया गया। खड़ा किया, हिलाया-डुलाया, उसके बाएँ हिस्से का रिफलेक्स एक्शन देखा। चिकोटी काँटी, कान में जोर से कुर्र की। उस पर बिल्कुल कोई असर नहीं हुआ। डॉक्टर ने चलते हुए विष्णु नारायण को अलग बुलाकर कहा, "लगता है इस बच्चे का दिमाग पूरी तरह विकसित नहीं है–"

"क्या मतलब ?"

"इसका मानसिक विकास सामान्य व्यक्ति की तरह नहीं हो पाएगा–हो सकता है नॉर्मल न हो पाए–" फिर बोले, "लेकिन आप इसे दवा दें, वर्जिश कराएँ–कभी-कभी बच्चे मेकअप भी कर लेते हैं। हालाँकि ऐसा बहुत कम होता है– ।"

विष्णु नारायण ने बैठती आवाज में कहा, "पढ़ने-लिखने के बारे में क्या···?"

"वैसे तो बहुत ज्यादा चांसेज नहीं, लेकिन चमत्कार भी तो होते हैं।"

विष्णु नारायण ने डॉ. दीक्षित को तो दरवाजे तक छोड़ दिया लेकिन वापस लौटना मुश्किल हो गया। लौटकर आया तो उसका चेहरा एकदम पीला था। जैसे बिजली का करेंट लग गया हो और उसने सारा रक्त सोख लिया हो। उसकी बड़ी बहन और पत्नी उसे देखकर सन्न रह गईं।

"डॉ. साहब ने क्या कहा ?" पत्नी ने सबसे पहले पूछा। बहन चुपचाप उसके पास आकर उसके कंधे के नजदीक खड़ी हो गई।

विष्णु नारायण ने कहा, "कुछ नहीं, दवा लिखी है। कहा है–हाथों-पैरों की वर्जिश करानी पड़ेगी। थोड़ा समय लगेगा।"

"इसमें चिंता की क्या बात है ? वर्जिश करानी पड़ेगी तो करा देंगे– ।"

"थकान और परेशानी–रोज-रोज इतनी दूर दौड़ना–दौड़ना पड़े तो पता चल जाए। रास्ते में लोगों की बकवास। मेरा बस चलता तो टैम्पो में कभी न जाता।"

"किसी ने कुछ कह दिया क्या ? या टैम्पो में न चलने की तुम्हारी पुरानी झक

उभर आई !"

"तुम क्या समझोगी। डेढ़ घंटा आने में लगता है, डेढ़ घंटा जाने में ! टैम्पो में बोरों की तरह भरते हैं वो अलग।"

विष्णु नारायण बात जरूर पत्नी से कह रहा था, पर साफ लग रहा था कि वह आवाज कहीं और से आ रही है।

बहन चुप थीं। वे एक अजीब हादसे का शिकार हो चुकी थीं। उसका दंश उनके मन में इतना गहरे उतर गया था कि उससे उभर नहीं पा रही थीं। उसने उन्हें मानसिक रूप से इतना कमजोर और अव्यवस्थित बना दिया था कि कभी कुछ कहती भी थीं तो लगता था कहीं बहुत दूर जाकर बोल रही हैं। हमारे एक बुजुर्ग राजनीतिज्ञ कहा करते थे कि जवाहरलाल को देशवासियों को टेरीकॉट के कपड़े पहनाकर, हाथ में ट्रांजिस्टर देकर घुमाने की जल्दी तो पड़ गई। पर यह नहीं हुआ कि उनकी शिक्षा का माकूल इंतजाम करते। उनके लिए शिक्षा हमेशा अंतिम प्राथमिकता रही। वरना यह कैसे होता कि देश की अगली पंक्ति के नेता शिक्षा मंत्री बनें और शिक्षा पिछड़ी की पिछड़ी पड़ी रह जाए। अगर पौवा न हो तो यह आपकी शिक्षा किसी के लिए एक गिलास पानी का प्रबंध नहीं कर सकती। जिनके लिए करती भी है उनमें से अधिकतर के लिए पहले से ही होता है। उसी का नतीजा है कि देश में शिक्षा के क्षेत्र में एक से एक बड़े जमींदार दखल जमाए हैं।

विष्णु नारायण की बहन भी एक ऐसे ही कॉलेज में पढ़ाती थीं जो शिक्षा के एक जमींदार का कॉलेज था—वह जमींदार राजनीति में भी एक मजबूत खूँटी पकड़े था—उसके कॉलेज में भी वही होता था जो अँग्रेजों के जमाने में जमींदारों की जमींदारी में हुआ करता था—आधी पौनी तनख्वाह देना—अस्थायी रखना—पूरा हिसाब न करना—और जहाँ राजनीतिक लाभ उठाना हुआ, वहाँ उन बंधुआ मजदूरों को बुद्धिजीवियों का नाम देकर परकोटे की तरह अपने चारों तरफ खड़ा कर लेना। हुआ यह कि उस जमींदार की निरंकुशता के विरुद्ध हड़ताल हुई तो विष्णु नारायण के कहने पर उसकी बहन ने भी उसमें भाग ले लिया—मैनेजमेंट नाराज हो गया। नतीजा जो होना था वही हुआ। उन्हें विभागाध्यक्ष के पद से उतारकर लेक्चरर के पद पर बैठा दिया गया। उन्हें एकाएक ऐसा लगा जैसे ट्रैक पर दौड़ते-दौड़ते लंगी लगाकर किसी ने उन्हें ट्रैक से बाहर धकेल दिया हो। और जब तक उठें, कपड़े झाड़ें, दौड़ कहीं-की-कहीं पहुँच चुकी हो। इतना दौड़ लेने के बाद फिर से दौड़कर उसे पकड़ने का खौफ उसके मन में गहरा बैठ गया। तब से वे अपने को वहीं गिरा हुआ महसूस करती हैं। जब पूछती हैं तब यही सवाल पूछती हैं क्या होगा ? कैसे दौड़ पाऊँगी ?

विष्णु नारायण की समझ में उनके सवालों का कोई जवाब नहीं आता।

उन्होंने बोलना करीब-करीब बंद कर दिया था। जब भी कोई बात होती थी बस देखती रहती थीं, पूछना चाहती थीं पर पूछती नहीं थीं। तनाव के समय उनके हाथों की उँगलियाँ मुड़-सी जाती थीं और वे अपना अँगूठा मुड़ी हुई उँगलियों पर फेरती रहती थीं। जब परेशानी ज्यादा बढ़ जाती थी तो अँगूठा और तेजी से घूमने लगता था। उन्होंने शायद डॉक्टर की बात सुन ली थी—आकर विष्णु नारायण का हाथ पकड़ लिया और बैठ गईं।

विष्णु नारायण को हमेशा लगता था कि जिस महिला ने हमेशा उसकी हिम्मत का बाँध उठाया, परंपरागत संबंध न होने के बावजूद सगों से भी सगा बनकर निबाहा, उसे यह क्या हो गया ? एक जमाना था जब विष्णु नारायण बेकार था और इलाहाबाद के पास एक गाँव में रहता था। उन्हीं दिनों उसकी बहन ने पी-एच. डी. की थी। वहाँ से करीब अस्सी किलोमीटर की दूरी पर एक सरकारी कॉलेज में उन्हें पढ़ाने का काम मिल गया था। चूँकि विष्णु नारायण अकेला रहता था, बेरोजगार था, इसलिए रोज बस से सवेरे जाती थीं और शाम को लौट आती थीं। बाद में वे हफ्तेवार आने-जाने लगी थीं। उन्हीं दिनों गुर्दे की तकलीफ हुई, ब्लड प्रेशर हुआ—और न जाने क्या-क्या बीमारियाँ हुईं। जब से उन्हें वहाँ छोड़कर परिसर में रहने की बात उठी थी तब से वे और भी खामोश हो गई थीं। वे न यह कह रही थीं कि तुम जाओ, न यह कहती थीं कि न जाओ। लेकिन विष्णु नारायण के सामने कोई चारा नहीं था। भले ही पंद्रह-बीस दिन और टाल देता पर जाना तो था ही। बार-बार वही दिन उसकी इस मजबूरी के सामने आ खड़े होते थे—जब वे उसे सवेरे-सवेरे नाश्ता कराकर—और दिन का खाना बनाकर निकलती थीं और शाम को आकर फिर खाने में लग जाती थीं। उसके सामने एक यही सवाल था कि तीन हाथ का मर्द होकर क्या वह दस किलोमीटर रोज टैम्पो से नहीं जा सकता ? शायद वह चला भी जाता पर जो हालात वहाँ बनते चले जा रहे थे, उनमें सिवाय वहाँ जाकर रहने के कोई रास्ता नहीं था।

इन सब सवालों के साथ, बेटे के जीवन का यह पक्ष उजागर करके डॉक्टर ने विष्णु नारायण को एक खड्ड में ढकेल दिया था।

रात को सोने गए तो पत्नी ने फिर पूछा, "डॉक्टर से बात करके तुम इतने सुस्त और परेशान क्यों हो गए थे···ऐसा लगा जैसे बदन पर हल्दी पुत गई हो।"

"नहीं तो···ऐसी तो कोई बात नहीं।"

"बात कैसे नहीं···बात तो जरूर है। आखिर मुझे भी तुम्हारे साथ रहते छह-सात साल हो गए। हमारे घर में भी हमेशा सबने सर्विस की है···हमारे यहाँ जो होता था

सब बैठकर डिसकस करते थे…किसी नतीजे पर पहुँचते थे…तुम ऐसे खामोश हो जाते हो जैसे सब कुछ तुम्हारा व्यक्तिगत हो।"

"अच्छा सो जाओ…आज मैं बहुत थका हूँ।"

"सो तो जाऊँगी ही…जब कोई बात करे तभी, सो जाओ। यह भी कोई बात हुई।" पत्नी ने करवट बदल ली और सिसकियाँ लेने लगीं। थोड़ी देर बाद उसे नींद आ गई। जैसे-जैसे रात बढ़ती गई विष्णु नारायण और अकेला होता गया। बहुत से सवाल थे। सबसे बड़ा सवाल था बहन और बेटे का…दूसरा सवाल था दफ्तर में होती किलेबंदी का…वह किधर खड़ा हो ?

दोनों बच्चियाँ सो रही थीं। उनके चेहरे पर सलोनापन, भोलापन और निश्छलता थी। अनायास अपनी तरफ खींचती थीं। बच्चों को लेकर विष्णु नारायण को हमेशा ऐसा लगता था कि बच्चे प्रकृति से भी ज्यादा अपनी तरफ खींचते हैं। बेटियों को भी लेकर लग रहा था। क्या ये मासूम बच्चियाँ अपनी मासूमियत को हमेशा इसी तरह बनाए रख सकेंगी ? शायद नहीं। हम लोग ही कौन बनाए रख सके। कभी हम भी ऐसे रहे होंगे। अब नहीं हैं। पता नहीं वह सब कहाँ काफूर हो जाता है। जैसे जलते दीपक को ढँक देने से कुछ ऐसा खो जाता है जो उस दीपक की जान होती है। वह उठा। बेड-स्विच दबाया। बेटा पत्नी की दूसरी तरफ सो रहा था। घूमकर धीरे से उसके पास गया। वह निर्द्वंद्व सो रहा था। उसके मुँह में उसका अँगूठा था। लोग बताते हैं बच्चे इस तरह का व्यवहार असुरक्षा के कारण करते हैं। लेकिन इसको अभी से क्या असुरक्षा हो सकती है ? कहीं उसकी असुरक्षा का कारण वही न हो जो डॉक्टर ने बताया ? असुरक्षा की भावना तो तभी पैदा होती है या होनी चाहिए जब सुरक्षा का ज्ञान हो। इतने छोटे बच्चे को भला इस सबका न ज्ञान, न अहसास। कहीं अहसास इतना गहरे हो जिसे समझना मनुष्य की सामर्थ्य के बाहर की बात हो तो बात अलग है। असुरक्षा दीदी को हो सकती है। क्योंकि वे समझती हैं शोषण क्या होता है, असम्मान और निरादर क्या होता है, अत्याचार किसे कहते हैं। असुरक्षा इन्हीं सब कारणों से होती है। इसका शिकार कौन नहीं होता ? कोई ज्यादा, कोई कम।

विष्णु नारायण ने धीरे-धीरे उसका बायाँ हाथ उठाया। उसे लगा उसका पंजा वैसा नहीं जैसा दाहिना है। पंजे में कुछ टेढ़ापन भी है। फिर उसने उसका पाँव उठाकर देखा। बाएँ पाँव का पंजा भी अंदर की तरफ घूमा हुआ था। हल्का-सा खम भी था। उठाने में भी उतना सहज नहीं था जितना दाहिना। नापने पर सूत भर का फर्क भी महसूस हुआ। हो सकता है डॉक्टर की बात का ही असर हो। नहीं तो ये सब

बातें पहले क्यों नजर नहीं आईं ? विष्णु नारायण को धीरे-धीरे अपना बायाँ हाथ वजनी महसूस हुआ। फिर लगा उसके पैरों में पत्थर बाँध दिए गए हों। पत्नी ने करवट ली तो उसने लैंप बुझा दिया। कहीं देख न ले। जब इस बारे में आश्वस्त हो गया कि वह जगी नहीं, सो रही हैं तो फिर लैंप जला दिया। उसका बेटा मंद-मंद मुस्करा रहा था। उसे लगा उसके हाथ-पाँव खुलते जा रहे हैं। वे फिर हरकत में आ गए। वह धीरे से बुदबुदाया, "नहीं···ऐसा नहीं हो सकता···हो ही नहीं सकता। ···बच्चा उस समय इतनी गहरी नींद में था कि डॉक्टर द्वारा की जा रही जाँच-पड़ताल के जवाब में वह पूरी तरह प्रतिक्रिया नहीं दे पाया।"

वह आकर लेट गया। लैंप बुझा दिया। फिर पता नहीं उसे कब नींद आ गई। एकाएक जब आँख खुली तो उसकी पत्नी भी उसी की तरह हाथ-पैर देख रही थी। चूँकि वह रो सकती थी इसलिए रोना जारी था। उसने सोते हुए बच्चे को उठाकर सीने से लगा लिया। वह कुनमुनाया। उसके कुनमुनाने से उसका ख्याल और पुख़्ता हो गया कि वाकई वह गहरी नींद में था।

विष्णु नारायण की समझ में इसीलिए डॉक्टर का निदान गलत है। लेकिन एक बात समझ में नहीं आई। आखिर उसकी पत्नी को कैसे पता चला ? क्या सुन लिया था ? लेकिन वह बोला नहीं। चुपचाप आँख बंद किए लेटा रहा।

थोड़ी देर बाद पत्नी आँगन में गई तो दीदी टहल रही थीं। रात को जब नींद नहीं आती थी तो वे अक्सर टहलने लगती थीं। पत्नी ने जाकर उनसे कहा, "लगता तो है···" और रोने लगीं।

दीदी का टहलना और तेज हो गया।

अगले दिन विष्णु नारायण उठा तो उसका सिर भारी था। उसका मन दफ्तर जाने का बिल्कुल नहीं था। लेकिन जाना था। उसे लगता था कि एक ही दिन में कुछ का कुछ हो सकता है। जब वह तैयार होने लगा तो पत्नी ने ही कहा, "आज छुट्टी लेकर आशीष को किसी दूसरे डॉक्टर को दिखा लो।"

विष्णु नारायण ने धीरे-से कहा, "हाँ, कोशिश करूँगा जल्दी लौट आऊँ।"

"जाना जरूरी है ?"

"नया-नया काम है।"

"जब पुराना था तो कौन-सी छुट्टी ले लेते थे। मैं अपने लिए तो कभी छुट्टी लेने के लिए कहती नहीं। इसके लिए तो ले लो।"

दीदी ने उसकी तरफ देखा और धीरे-से कहा, "ले सको तो ले लो।" उनकी आवाज डूबी हुई-सी थी।

विष्णु नारायण ने उन्हें समझाना चाहा, "इस शहर में अच्छे डॉक्टर वही हैं जो मेडिकल कॉलेज में हैं—वे शाम को घरों पर लौटकर ही आदमी भी अच्छे होते हैं और डॉक्टर भी। अस्पताल के आउट-डोर में वे रोबोट हो जाते हैं—अगर मैं इसे वहाँ ले भी गया तो हो सकता है मुझे देखकर उनका इंसानी अहसास लौट आए, पर वे हँसकर यही कहेंगे—आप इसे यहाँ क्यों ले आए, घर आता तो आराम से देख लिया जाता—आखिर बच्चे का मामला है, वह भी आपके। बच्चा बच्चा है, मेरा हो या किसी और का। इसलिए घर जाना ही ठीक होगा। मुझे तो लगता है कि आशीष रात गहरी नींद में था···उसके अंगों ने डॉक्टर साहब की अपेक्षा के अनुसार अपनी जवाबी प्रतिक्रिया नहीं दिखाई···इसलिए इसके नतीजे उनके खिलाफ गए।"

उसकी इस बात से दीदी के तनाव से घिरे चेहरे पर हल्की-सी विरलता आई। पत्नी भी उसकी इस बात से आश्वस्त हो गई।

वह दफ्तर चला गया।

रास्ते-भर विष्णु नारायण के मन में वही डॉ. चंद्रा की मौत का दृश्य सक्रिय होता चला गया। कहीं-न-कहीं वह उससे अपने-आपको इस तरह से जोड़ लेता था जैसे बिजली के जीवित तार से सामान्य तार जुड़ जाता है और उसमें धारा बहनी शुरू हो जाती है। मौत चाहे जितनी निर्जीव क्यों न बना दे परंतु उससे जीवित सचाई दूसरी नहीं होती। सामान्य रूप से भी सामना हो जाए तो उस सचाई की धारा बाकी सब अहसासों को निर्जीव करके बहनी शुरू हो जाती है। और तब तक बहती रहती है जब तक मनुष्य अपनी इच्छा-शक्ति के बल पर उस प्रवाह में अवरोध पैदा न कर दे। मौत के अस्तित्व को स्वीकार करके ही उसका सामना किया जा सकता है। भयभीत होकर नहीं। इस तरह की बातें वह अक्सर सोचता भी रहा और सुनता भी रहा था। सुनानेवालों में अधिकतर वही लोग होते थे जो मौत से भयभीत रहते हुए भी दूसरों की मौत को जिंदगी से छोटा करके देखने की दीक्षा देते थे।

परिसर पर पहुँचते-पहुँचते उस पर डॉ. चंद्रा की मौत को लेकर आत्म-ग्लानि का भाव तारी हो गया। यह अहसास रोजमर्रा की बात हो गया था। परिसर आया और डॉ. चंद्रा की मौत को लेकर ग्लानि-भाव हावी होना आरंभ हुआ। उसमें वह कहाँ है ? कहीं नहीं। उस बारे में कुछ भी न जानते हुए वह उसमें कहीं-न-कहीं था। बस उसने उस दिन कार्यभार सँभाला भर था, जिस दिन वे बेचारे स्वर्ग सिधारे थे। चूँकि कुछ लोग उसके आने को अपनी नाराजगी का कारण बना चुके थे। इसलिए अंततः उसके वहाँ आने को भी अपशकुनों की शुरुआत के रूप में प्रचारित करने लगे थे।

इस बीच जो सबसे बड़ी बात हुई थी वह थी सक्सेना साहब द्वारा इधर-उधर की जानेवाली चर्चाएँ। हालाँकि उनकी बातें विष्णु नारायण के प्रति सहानुभूति प्रकट करने से ही शुरू होती थीं। वे बहुत ही शाइस्तगी से इस बात को कहते थे, "देखो विष्णु नारायण साहब पर क्या कलंक लगा। इसे ही कहते हैं यश-अपयश विधि हाथ। वरना वे बेचारे क्यों उसी दिन ज्वाइन करते या डॉ. चंद्रा की मौत उसी दिन क्यों होती ! जब तक यहाँ रहेंगे लोग इस तरह देखेंगे जैसे वही उनकी मौत का कारण हों। और कोई देखे या न देखे, उनके घरवाले तो देखेंगे ही। आदमी का कोई कसूर नहीं होता और वह कसूरवार हो जाता है—कहीं उनके घरवाले विष्णु नारायण और उनके बच्चों को कोसना ना शुरू कर दें—कुछ भी कहिए उनके पैर उन बेचारों के लिए तो नेस्त ही थे। घर ही उजड़ गया।"

बाकी राब बातें तो विष्णु नारायण यह समझ कर पी जाते थे कि धीरे-धीरे खत्म हो जाएँगी। समय सबसे बड़ा सफाईपसंद है। धीरे-धीरे सकेरता जाता है। मस्तिष्क को स्मृतियों से मुक्त करता जाता है। जो बच रहता है वह कूड़े की तरह कहीं कोने में पड़ा रहता है। लेकिन कोसनेवाली बात उसे तब से और भी ज्यादा परेशान करने लगी थी, जब से डॉ. दीक्षित उसके बेटे के बारे में वे सब बातें कह गए थे। क्या यह हो सकता है कि यह उनके घरवालों की बद्दुआ का ही फल हो ? लेकिन वह लोग तो यह भी नहीं जानते कि वह कौन है ? उसके घर में कौन-कौन हैं ? बद्दुआ देंगे तो क्यों देंगे ? बिना जाने किसे देंगे ? कहीं ऐसा तो नहीं कि सक्सेना साहब का स्वयं ही बद्दुआ देने का मन होता हो और वे उन लोगों के नाम से देते हों। रामलखन बाबू ने एक दिन उसके कान के पास खुसुर-पुसुर की थी कि सक्सेना साहब आपके आ जाने से दुःखी हैं—दरअसल वे चाहते थे कि यह पोस्ट उन्हें मिल जाए।

लेकिन वे क्यों चाहते थे ? वे भी तो उसी वेतनमान में हैं। रामलखन हँसा था। उसी वेतनमान में होने से काम थोड़े ही बनता है। धौंस, धप्पड़, हुकूमत, डाँट-फटकार, सजा और माफी तो इसी में है। वैसे सक्सेना साहब ने अपनी चालाकी और तेज तर्रारी से यह वेतनमान झटका है। जिन दिनों लंबी स्ट्राइक हुई थी—वही जब बिजली पानी कट गए थे—वर्तमान डायरेक्टर साहब की नियुक्ति नहीं हुई थी तो वली उल्ला का घिराव कराकर—उन्हें गाली-गलौज दिलाकर—एक व्यक्तिगत पदोन्नति की योजना स्वीकार करवा ली थी—अधीक्षकों के स्तर तक की···। सक्सेना साहब और उनके लगवे-भगवों ने भी डीन नं. दो और अन्य महत्त्वपूर्ण फैकल्टी की मदद से—अपनी लाइन फिट कर ली। हालाँकि कुछेक लोग उनमें से भी रह गए, पर इस

चौकड़ी का काम बन गया–मिनिस्ट्री ने लिखकर भेजा भी था कि यह कैसे हो गया–पर अंदर का खूँटा मजबूत हो, समर्थक जबरदस्त हों तो कौन क्या बिगाड़ सकता है–चाहे जो कहिए, है तो 'वनस्पति प्रमोशन' ही–असल पद तो यही है–उस पर आप आ गए–।

विष्णु नारायण ने महसूस किया कि अगर रामलखन बाबू को टोका नहीं गया तो उनकी बातें सवेरे की धूप की तरह पसरती चली जाएँगी। ज्यादा कहना या सुनना कई बार संकट में डाल देता है। उसने उसे टोक दिया था, ठीक है···ये सब बातें हमसे पहले की हैं···इनसे हमारा क्या लेना-देना···आप भी अपना काम करें और हम भी करते हैं।

टोकना शायद रामलखन बाबू को अच्छा नहीं लगा था।

परिसर पहुँचकर उसके दिमाग में वही ख्याल बना रहा। क्या उसके पैर ऐसे हैं ? अगर ऐसे हैं तो कैंपस के सब या ज्यादातर लोग क्यों नहीं मर गए ? मरते नहीं तो कम-से-कम चुटीले होते, चुटीले न होते तो कोई सदमा ही गुजरता। उसके आने का यह आकस्मिक असर एक ही व्यक्ति पर क्यों हुआ ? हालाँकि वह एक दुःखद घटना थी। अनंत सहानुभूति जगानेवाली। पर निश्चित रूप से वह उसका दोषी नहीं हो सकता। न उसके बच्चे पर ही किसी की बद्दुआ का कोई असर होगा। बद्दुआ और दुआ के भी कारण होते हैं। बिना वजह न वे निकलती हैं और अगर निकल भी जाएँ तो फलीभूत नहीं होतीं। न उसने किसी का कुछ बिगाड़ा और न उसके बच्चे ने। अगर उसको यह सब हुआ है या है, जो डॉ. दीक्षित ने बताया, तो उसके अपने कारण होंगे। कम-से-कम किसी की बद्दुआ नहीं।

उस दिन आते हुए उसे न पेड़ दिखाई दिए और न उन पक्षियों की आवाजें सुनाई दीं, जिनकी आवाजें उसे ठहराने की कोशिश करती थीं। वह निकलता चला गया। वही आदमी आज भी पास से गुजरा था जिसके सलाम करने पर उसका दिमाग बँट गया था और वह गिरता-गिरता बचा था। उसने हस्बमामूल सलाम आज भी किया था पर वह इतना डूबा हुआ था कि उसने देखा तक नहीं। ऐसा नहीं कि सलाम केवल उसी ने किया हो, कुछ और लोगों ने भी किया था। कुल मिलाकर शायद उसने एक सलाम का उत्तर दिया था। वह भी अपने कमरे में जाने के लिए सीढ़ियों

पर चढ़ने से पहले। बाकी सबके सलाम अनचीन्हे रह गए थे।

कमरे में पहुँचा तो उसे डीन नं. दो का मैसेज मिला। वे उनसे मिलना चाहते हैं। उनका नाम डॉ. नवांश था। यह कैसे पड़ा, यह उसे पता नहीं था। रामलखन बाबू ने आकर बताया कि वे आपसे मिलना चाहते हैं। विष्णु नारायण ने कहा, ''आप फोन कर दीजिए कि मैं आ गया हूँ।''

रामलखन बाबू तत्काल नहीं गया। वह खड़ा रहा। विष्णु नारायण ने पूछा, ''कोई और बात ?''

''यहाँ की फैकल्टी इस बात से नाराज होती है।''

''किस बात से ?''

''इसी बात से...जो आपने अभी कही।''

विष्णु नारायण को उसका ज्यादा बोलना कभी-कभी खल जाता था। वह बोला, ''आप किस बात का जिक्र कर रहे हैं ?''

''यही कि मैं उन्हें फोन कर दूँ–।''

''फोन नहीं करेंगे तो उन्हें कैसे खबर होगी कि मैं आ गया।''

''मेरा मतलब था...''

उसने बीच ही में कहा, ''आप जाकर फोन तो करिए।''

वह चला गया। रामलखन बाबू ने सीधे डीन को फोन न करके उनके बड़े बाबू को फोन किया कि तुम्हारे साहब ने पूछा था उनसे कह देना कि हमारे साहब आ गए हैं। उत्तर में न उनके पास फोन आया न बात आगे बढ़ी। वह दिन-भर व्यस्त रहा। वह बात उसके दिमाग से पूरी तरह निकल गई। शाम को डायरेक्टर ने बुलाया। वह गया। वहाँ डीन नं. दो भी मौजूद थे। उसके दिमाग से सुबहवाली बात पूरी तरह उतर चुकी थी। डायरेक्टर ने कहा, ''अरे भई मि. नारायण, आपने डीन साहब को नाराज क्यों कर दिया ?''

उनकी बात एकाएक विष्णु नारायण की समझ में नहीं आई। वह बोला, ''सर, मैं समझा नहीं।''

''इन्हें बताइए क्या बात है ?'' उन्होंने एक चिट्ठी पर दस्तखत करते हुए डीन से कहा।

डीन बोले, ''मैं तो आपको बतला चुका हूँ–वह तो आप पर है, आप इन्हें बताना चाहें बताएँ...''

डायरेक्टर ने झटके से गर्दन उठाकर उनकी तरफ देखा, ''क्या मतलब ?''

''ये आपके आदमी हैं...आप इनको बेजा समर्थन दे रहे हैं।''

डायरेक्टर को कुछ बुरा लगा, "आप क्या कह रहे हैं···ये नए आदमी हैं···अभी न किसी को जानते हैं और न किसी को समझते हैं···स्वाभाविक है मैं इन्हें सब बातों के बारे में परिचित कराना चाहता हूँ। मेरी ही नहीं आपकी भी जिम्मेदारी है···लेकिन आप···"

डीन उठ खड़े हुए, "मैं इसलिए नहीं आया था कि आप मुझसे इस तरह की बातें करें···मैंने अपना एकेडेमिक काम छोड़कर यह जिम्मेदारी ली है तो इसलिए नहीं कि आपके बाबू और वेतन भोगी कर्मचारी मेरी अनदेखी करें। उनको समझना चाहिए कि मैं प्रशासन की मदद कर रहा हूँ···अपने शैक्षिक कार्यक्रम के मूल्य पर ···सिर्फ इसलिए कि संस्थान का नाम बना रहे।"

विष्णु नारायण को वह सब अनावश्यक लग रहा था। फिर भी उसने पूछा, "वेतनभोगी तो सभी हैं···लेकिन आप मुझे बताइए तो सही कि क्या बात है ?"

वे अँग्रेजी में बोले, "आप डायरेक्टर को संबोधित कीजिए, आपका वास्ता उनसे है··· ।"

विष्णु नारायण ने डायरेक्टर से कहा, "सर, आखिर मुझे भी तो पता चले कि क्या बात है। इतना तूफान किस बात को लेकर है ?"

डीन ने फिर अँग्रेजी में कहा, "देखा आपने···किस तरह की भाषा का प्रयोग किया जा रहा है···यह तूफान है ? ये जानते हैं कि तूफान क्या होता है ? जब तूफान आएगा तो ये यहाँ बैठे नजर नहीं आएँगे।"

"मैंने कोई गलत बात कही ?" विष्णु नारायण ने फिर अपनी बात डीन की तरफ उछाली, "जहाँ तक तूफान का सवाल है, वह एक आदमी पर कभी नहीं आता।"

इस बार फिर उसने अँग्रेजी में कहा, "मेरी आपसे सीधे बात करने में कोई रुचि नहीं।"

इससे पहले कि विष्णु नारायण कुछ कहता, डायरेक्टर साहब बोले, "इन्होंने आपको बुलाया था आप गए नहीं ? आपने बिना इनकी इजाजत के इनके सुपरिंटेंडेंट को बुलाकर इनके विभाग के बारे में पूछताछ की···"

विष्णु नारायण थोड़ा आवेश में आ गया, "सर, इससे पहले कि मैं अपना स्पष्टीकरण दूँ, मैं आपसे यह जानना चाहता हूँ कि क्या यह भी मेरी ड्यूटी का हिस्सा है ? डायरेक्टर के बुलाने पर जाना तो मेरी ड्यूटी का हिस्सा बनता है, पर···"

डायरेक्टर सोचने लगे। डीन नं. दो बोले, "यस, है, डींस आपके मातहत नहीं···उनकी पोजीशन आपसे ऊँची है।"

विष्णु नारायण ने जवाब तो कुछ नहीं दिया लेकिन इस बार उनकी तरफ घूमकर

यह तक नहीं देखा कि कौन क्या कह रहा है। डायरेक्टर बोले, "ऐसा तो कुछ नहीं लेकिन आपस में संबंध खराब नहीं होना चाहिए।"

विष्णु नारायण ने कहा, "आप संबंधों की बात कर रहे हैं…मुझे तो मौका ही नहीं मिला कि मैं संबंध अच्छे बनाऊँ या खराब। मुझे तो लगता है, यहाँ लोग पहले से ही मुझे एक अनावश्यक और बुरा व्यक्ति मानकर चल रहे हैं। जहाँ तक मेरे जाने या न जाने का सवाल है, मैं आपको स्पष्ट कर दूँ कि ज्वाइन करने के बाद मैं दो बार इनके कमरे में, इनसे अनुग्रह-भेंट के लिए जा चुका हूँ। संदेश भी छोड़ा था…उम्मीद है इनको पता चल गया होगा।"

"मैं उसकी बात नहीं कर रहा…।"

"मुझे कह लेने दीजिए। अगर ये उसकी बात नहीं कर रहे हैं तो मैं कर रहा हूँ। दो बार एक आदमी मिलने जाए और उत्तर में एक बार आप फोन पर भी उसे एक्नॉलेज न करें। कम-अज-कम मेरे लिए यह आश्चर्य की बात है। जहाँ तक सवेरे की बात है, जब मैं सवेरे दफ्तर पहुँचा तो रामलखन बाबू ने मुझे बताया कि आप मिलना चाहते हैं…मैंने उनसे कहा कि आप उन्हें बता दें कि मैं आ गया हूँ। मैंने सोचा शायद डीन महोदय ने मेरे कमरे में जाने का नोटिस लिया हो और फोन पर बात करना चाहते हों…। मैं नया आदमी हूँ…सबके स्वभाव से धीरे-धीरे परिचित होने की कोशिश कर रहा हूँ। अगर वे मुझे अपने पास बुलाना चाहते थे तो स्वयं फोन करके कह देते…यह क्या बात हुई कि आप संदेश भेज दें और मैं भागा चला जाऊँ। जहाँ तक इनके सुपरिंटेंडेंट को बुलाकर बात करने का सवाल है…मैं काम समझने के लिए सभी सुपरिंटेंडेंट्स को बुलाकर बात कर रहा हूँ। वैसे ये लोग काम कहीं भी और किसी के भी साथ करते हों, पर स्थायी रूप से वे सब प्रशासन के ही अधीन हैं। मैं कोई इनके विभाग के बारे में गोपनीय जानकारी इकट्ठा नहीं कर रहा था। बल्कि सुपरिंटेंडेंट से यह जानने की कोशिश कर रहा था कि उसका काम किस प्रकार का है। उसकी रुचि उसमें है या नहीं। नहीं है तो क्यों नहीं, उसके लिए मुझे पूछने की जरूरत नहीं थी ?"

डायरेक्टर ने डीन की तरफ देखा, "आशा है आप संतुष्ट हो गए होंगे। ऐसी तो कोई बात नजर नहीं आती जिससे लगे कि प्रशासन अधिकारी ने आपकी बेइज्जती की हो।"

डीन उठे और कहते हुए चल दिए, "आप कीजिए इन्हें सपोर्ट…मैं स्वयं देख लूँगा। आखिरकार आप इन्हें यहाँ लाए हैं…आप सपोर्ट नहीं करेंगे तो कौन करेगा ?"

कमरे से निकल जाने के बाद कुछ देर तक सन्नाटा बना रहा। उस सन्नाटे

को सबसे पहले विष्णु नारायण ने ही तोड़ा, "इस अनावश्यक अशांति का मुझे दुख है। इजाजत हो तो मैं चलूँ !"

निदेशक पहले तो कुछ नहीं बोले, फिर कहा, "मि. नारायण आप समझ ही गए होंगे कि इन लोगों को हैंडिलिंग करना कितना मुश्किल है। ये लोग इस संस्थान के असली शासक हैं···डायरेक्टर्स तो आते-जाते रहते हैं लेकिन ये लोग स्थायी हैं··· ।"

"लेकिन सर, मैं अभी तक नहीं समझ पाया कि इनकी नाराजगी का क्या कारण हो सकता है ? क्या सिर्फ यही कि मैं प्रशासन अधिकारी हूँ और ये अध्यापक हैं। मुझे लगता है इस तरह के बुद्धिजीवियों में एक दूसरी तरह का वर्णाश्रम विकसित होता जा रहा है···यही इनकी परेशानी का कारण है।"

"आप नए हैं, आपको इन्हीं के साथ मिलकर चलना चाहिए···मैं तो वैसे भी अस्थायी हूँ।"

"आपका मतलब मैं आपको छोड़कर इनके साथ मिल जाऊँ ?"

विष्णु नारायण के मुख से यह बात अचानक निकल गई थी। निदेशक ने फौरन बात पकड़ ली, "इसका क्या मतलब ?"

उसने टालना चाहा लेकिन उसे लगा उसका यह टालना निदेशक को पसंद नहीं आया। उसे डॉ. देसाई डीन नंबर एक के साथ हुई अपनी भेंटवाली घटना का उल्लेख करना पड़ा। निदेशक हँसकर बोले, "मि. नारायण, अच्छा हुआ कि आपको उन लोगों के मुख से ही सब कुछ पता चल गया। मैं जानता हूँ कि मेरे विरुद्ध इन लोगों ने अभियान छेड़ा हुआ है···आपसे भी ये लोग शायद इसीलिए नाराज हैं क्योंकि मैं ही आपको यहाँ लाया हूँ या यह कहिए मेरी अध्यक्षता में निर्मित समिति ने आपको चुना था।···" फिर रुक कर बोले, "जब आपकी नियुक्ति का मामला प्रशासन-निकाय के समक्ष आया तो उस समय प्रो. विल्सन और प्रो. तारक ने अपनी असहमति नोट कराई थी···चेयरमैन डॉ. पराशर ने इन सबको कसकर लताड़ा था। पहले प्रशासन अधिकारी से आपको शिकायत थी कि उनकी उम्र अधिक है और अब ज्वाइन करने से पहले ही नए चुने गए अभ्यर्थी से आपको यह शिकायत हो गई कि वह जवान क्यों है···आखिर आप चाहते क्या हैं ? सब सन्नाटा खींच गए। ये सब चाहते थे कि मेरे जमाने में नए प्रशासन अधिकारी की नियुक्ति न हो···अगर हो तो श्री सक्सेना हों। उनका तर्क था कि यह अधिकार स्थायी निदेशक का है··· फॉर्मली नियुक्त करता हूँ···अनेक और नियुक्तियाँ करता हूँ। यह क्या तर्क है मैं दो वर्ष से निदेशक हूँ बाहर से नियुक्ति करता हूँ तो गलत···इनके आदमी की नियुक्ति करता हूँ तो सही।"

"इसमें मेरा तो कोई कसूर नहीं, सर। मैं तो न आपको जानता था और न श्री सक्सेना को।"

"शायद मैंने ही गलती की—अभी मुझे खामोश रहना चाहिए था। स्थायी होकर करता तो यों आपके पीछे-पीछे घूमते···अब यों आपके और मेरे दोनों के दुश्मन बन जाएँगे। खैर, देखा जाएगा···" फिर रुक कर बोले, "डॉ. देसाई तो फिर भी समझ सकता है लेकिन यह नवांश बहुत तेज है···सब खुराफातों के पीछे उसी का दिमाग चलता है···मैं तो समझता हूँ कि यह अच्छा ही हुआ कि आपके प्रति इसका रुख जल्दी ही सामने आ गया। घास के ढेर में छिपे साँप की तरह अगर अचानक चोट करता तो बुरा होता।"

"इसका मतलब मेरा पहला कदम खतरे के जोन में ही पड़ा है ?" फिर कुछ सोचकर विष्णु नारायण ने ही कहा, "खैर, आप चिंता न करें···लेकिन अगर मैं यह सब जानता होता तो कभी न आता। अब आ गया हूँ तो इतनी आसानी से जाऊँगा भी नहीं।"

"ठीक है···" फिर रुक कर बोले, "यह लोग हर काम करते हैं···आदमी की कमजोरी तलाशते हैं···जो जिसकी कमजोरी होती है वहीं ले जाकर उसे जिबह कर देते हैं। मेरे पास इन्होंने औरतें भेजीं···मुझे भय दिखलाया···मेरी खुशामद की···उसी का नतीजा है कि आज मेरे विरोध पर आमादा हैं···" वे भावुक हो उठे। फिर बोले, "और तो और···खैर छोड़िए···ये सब तो टुच्ची बातें हैं।"

"आप न बताना चाहें तो रहने दें। मैं आपका मातहत हूँ। मातहत से सब बातें कहना ठीक भी नहीं होता।"

"नहीं, ऐसी कोई बात नहीं···यह कैंपस तो राहेगुजर है···अपने-आप पता चल जाएगा। कुछ तो चल ही गया···लोगों ने मेरे खिलाफ कितनी बारूद और तोप-तमंचे इकट्ठे कर लिए हैं। सबका एक ही उद्देश्य है कि मैं छोड़कर चला जाऊँ।"

कमरे में फोन की घंटी बजी। डायरेक्टर ने फोन उठाना चाहा, पर बाहरवाले कमरे में उठा लिया गया था। उधर से बजर आया तो निदेशक टाल गए। जब दूसरे बजर पर भी नहीं उठाया गया तो उनका वैयक्तिक सहायक अंदर आया और कान में कुछ कहा। उन्होंने जल्दी से फोन उठा लिया और सुनने लगे। उनके चेहरे के भाव रह-रहकर बदल रहे थे। लेकिन मुँह से हाँ या आश्चर्य भरे 'अच्छा' के सिवाय और कोई शब्द नहीं निकल रहा था। अलबत्ता वे बीच-बीच में क्रोधित भी लगने लगते थे और दुःखी भी।

बात खत्म करके कुछ देर तो वे रिसीवर लिए बैठे रहे। फिर उन्होंने उसे धीरे

से रख दिया और विष्णु नारायण की तरफ देखकर बोले, "देख लीजिए मैं डायरेक्टर हूँ और यहाँ के स्कूल का चेयरमैन हूँ, मेरे ही बच्चे को स्कूल में तंग किया जाता है—चलिए मेरे साथ और देखिए···यह सब इन लोगों की मिलीभगत है। आप मुझसे नाराज हैं तो मुझसे लड़िए, मुझे तंग कीजिए···मेरे बच्चों से आपका क्या लेना-देना है। आप उन्हें क्यों सताते हैं···मेरे दूर के रिश्तेदार का एक लड़का रहता है···आपको मालूम है उसे लेकर मेरी पत्नी के बारे में यहाँ कैसी-कैसी बातें प्रचारित की हुई हैं ! उसकी उम्र मेरी पत्नी की उम्र की एक तिहाई होगी···' " कुर्सी से उठ खड़े हुए, "आइए··· ।" उनकी आँखों के कोए नम थे।

विष्णु नारायण तय नहीं कर पाया कि वह क्या करे। व्यक्तिगत मामलों में किसी मातहत का रुचि दिखाना कहाँ तक उचित है ? लोग किस तरह से लेंगे ? लेकिन वह उनके आग्रह को नजरअंदाज नहीं कर पाया। निदेशक ने दुबारा पूछा, "आप चल रहे हैं ?" वह उठ खड़ा हुआ यह जानते हुए कि वह अपने दायरे से बाहर जा रहा है। यह घटना उसके खिलाफ बहुत से सवाल उठा सकती है। वह उनके साथ नीचे उतर आया और कार में चुपचाप बैठ गया।

कार में बैठकर निदेशक ने अपनी आँखों के कोये साफ किए। फिर बोले, "मेरे दो लड़के हैं···मैं जब आई. ई. सी. में प्रिंसिपल था तो ये सब पढ़ने में अच्छे-खासे होशियार थे। लेकिन यहाँ बड़ा लड़का तो स्कूल जाने से कतराने लगा। और छोटा लड़का तो जाता ही नहीं···जबरदस्ती भेज दो तो दो-तीन दिन बुखार हो आता है। कभी-कभी लगता है मैंने यहाँ आकर गलती की···मेरी नियुक्ति की घोषणा हुई थी तो ये सब लोग जो आज मेरे खिलाफ झंडा उठाए खड़े नजर आते हैं···मुझे लेने वहाँ पहुँचे थे···मेरा स्वागत किया था···मुझे हाथों पर उठाया था। जब मैंने हड़ताल पर बैठे कर्मचारियों की बात सुननी शुरू की तो ये सब लोग 'या अली, या अली' करके मेरे पीछे पड़ गए। मैंने इनका कुछ नहीं बिगाड़ा। अलबत्ता कर्मचारियों की बात सुनी···ये भी इस संस्था के उतने ही महत्त्वपूर्ण अंग हैं जितने ये सब लोग—जिनकी बड़ी-बड़ी लैब हैं···बड़े-बड़े प्रोजेक्ट हैं, जिनके घरों का फ्रिज भी कभी-कभी प्रोजेक्ट की देन होता है···मैंने कभी नहीं कहा ऐसा मत करो। इन्होंने मुझे बेईमान बना दिया ···मेरी पत्नी को चरित्रहीन सिद्ध कर दिया···मेरे बच्चों में हीनता का भाव भर दिया, जैसे वे किसी बदनाम चोर के बच्चे हों···"

बँगले पहुँचते ही वे गाड़ी से उतरे और तेजी से अंदर चले गए। विष्णु नारायण बाहर ही खड़ा रह गया। ड्राइवर ने कहा भी कि साहब अंदर चलिए। चूँकि उसका पहला मौका था इसलिए वह बाहर ही रुका रहा। थोड़ी देर बाद उनका बड़ा लड़का

आया, "अंकिल, पापा बुला रहे हैं।"

काफी बड़ा ड्राइंगरूम था। रंग-बिरंगे सोफे लगे थे। वह जाकर चुपचाप बैठ गया। डायरेक्टर आकर बोले, "आइए, अंदर आइए।" वे उसे बेडरूम में ले गए। उनके परिवार के करीब-करीब सभी लोग वहीं थे।

छोटे बेटे को बुखार था। वह बार-बार यही कह रहा था, "मम्मी, मुझे स्कूल मत भेजिए—मैं स्कूल नहीं जाऊँगा। वे मुझे मारते हैं…कहते हैं, 'चोर का बेटा चोर'…"

डॉक्टर देखकर जा चुका था। लेकिन अभी उसका बुखार कम नहीं हुआ था। थोड़ी-थोड़ी देर बाद अपने आप ही बोलने लगता था। उनकी पत्नी यह बता रही थी, "क्लास के बच्चों ने उसकी किताब पेंसिल वगैरह सब छीन लिए…कपड़े फाड़ डाले…उससे कहा तू डायरेक्टर का लड़का है इसलिए नए-नए कपड़े पहनकर आता है…तेरा बाप चोर…तू चोर…चोरी नहीं चलेगी। कीचड़ में धकेल दिया…।" पत्नी का गला बार-बार भर आता था। वे कह रही थीं, यहाँ से छोड़-छाड़ कर चलिए। जब बच्चे ही खुश नहीं तो इस नौकरी का हम क्या करेंगे…? यहाँ आदमी की बकत नहीं…।"

वे मुझे लेकर बाहर निकल आए। एकदम चुप। ड्राइंगरूम में आकर बोले, "बताइए, मैं क्या करूँ ? आप तो प्रशासन में रहे हैं…मैं तो अध्यापक ही ज्यादा रहा हूँ। आपने देखा मेरे घरवालों की क्या हालत है ? वे कितने परेशान हैं…बड़ा लड़का तो बोलता ही नहीं। एक तो उसकी उम्र ही अलग-अलग रहने की है; दूसरे, वह स्कूल के लड़कों की उपेक्षा का शिकार है। कुछ समस्याएँ उम्र की हैं कुछ इस परिवार की जिंदगी की और कुछ संस्थान के डायरेक्टर का बेटा होने की…लेकिन मेरी समझ में नहीं आता कि मैं इन बच्चों को कहाँ तक प्रताड़ित करता रहूँ…क्या मैं वापस चला जाऊँ ?"

विष्णु नारायण का इतने बड़े संस्थान के निदेशक का निदेशकत्व भूलकर इंसानी और घरेलू रिश्तों से दबे एक सामान्य आदमी की तरह गिड़गिड़ाते देखने का पहला अवसर था। इस घटना ने इतने बड़े पद के बारे में परिकल्पित उसके सभी मानदंड चकनाचूर कर दिए थे। इस बारे में ही उसके मानदंड नहीं टूटे थे बल्कि जिस स्तर के पद पर वह था, उसके बारे में सोचे उसके अपने मानदंड भी टूट गए थे। उसकी समझ में नहीं आ रहा था कि उस सवाल का वह क्या जवाब दे ! उसने बहुत ही सकुचाते हुए कहा, "सर, मैं आपको क्या सलाह दूँ। मैं तो बिल्कुल नया हूँ। लेकिन मेरे लिए यह आश्चर्य का विषय जरूर है कि यहाँ के लोग अपने बच्चों को इतना

भी नहीं सिखाते कि आपस में एक-दूसरे का व्यवहार कैसा होना चाहिए ? न अध्यापक ही देखते हैं ?"

अध्यापकों की बात आते ही वे बमक उठे, "अभी प्रिंसिपल को फोन करके बुलाता हूँ। डायरेक्टर और स्कूल के चेयरमैन के बेटे के साथ ऐसा हो सकता है तो फिर औरों के साथ क्या होता होगा ? अगर प्रिंसिपल के बेटे के साथ ऐसा हुआ होता तो वह उन बच्चों की चमड़ी उधेड़ डालता जो ऐसा करते···" उनका गुस्सा धीरे-धीरे चढ़ता जा रहा था। वे जोर-जोर से चिल्ला रहे थे, "फोन करो, अभी बुलाओ, मैं उसे मजा चखाता हूँ। वह अपने को समझता क्या है ? मैं उसका खून पी जाऊँगा !"

दूसरी तस्वीर भी विष्णु नारायण के सामने इतनी कम देर में आ गई थी कि उसकी समझ में नहीं आ रहा था कि वह क्या करे। इस स्थिति से निकलना उसके लिए जरूरी भी था और मुश्किल भी। अगर प्रिंसिपल उसके सामने आ गया और वे सब बातें हुईं जो निदेशक महोदय कह रहे हैं तो उसकी अपनी स्थिति क्या होगी ?

उसने बहुत डरते-डरते कहा, "सर, आप शांत हों···इतना उत्तेजित होने से आपकी तबीयत खराब हो जाएगी। वैसे भी आप इस संस्थान और परिसर के संरक्षक हैं। बहुत-सी बातें आपको जहर के घूँट की तरह पीनी पड़ती होंगी। आप जो भी कदम उठाएँ सोच-समझ कर उठाएँ। क्योंकि बात यहीं तक नहीं रहेगी···घर से बाहर निकलते ही पर लगाकर उड़ चलेगी···हर-एक उसे अपनी नजर से देखेगा···जब तक वह आपके पास लौटकर आएगी पता नहीं उसके कितने पाँव, कितने हाथ, कितनी आँखें और कितने कान निकल आएँगे···"

उन्होंने उसकी तरफ देखा। उनके देखते ही वह पीछे को सरक गया। वह उसे थोड़ी देर तक देखते रहे, फिर हताश से बैठ गए।

"मेरी समझ में कुछ नहीं आ रहा···मेरे बेटे के साथ यह चौथी बार हुआ है। हर बार मैं यही सोचकर चुप हो जाता हूँ कि मैं डायरेक्टर हूँ। मुझे अपना संयम नहीं खोना चाहिए···क्या डायरेक्टर का बेटा होना गुनाह है ? अगर मैं अपने बच्चों को सुरक्षा प्रदान नहीं कर सकता तो मुझे यह भी हक नहीं कि अपने कारण उनके लिए असुरक्षा का वातावरण तैयार करूँ। मुझे यह पद छोड़कर चले जाना चाहिए। अगर ये बच्चे कल 'रेक' हो गए तो मैं इस डायरेक्टरी का क्या करूँगा। ये सब लोग अपने बच्चों को सिखाकर भेजते हैं कि हमारे इन बच्चों को इतना परेशान करें कि उनका बाप त्याग-पत्र देकर भाग जाए···उनके बच्चे अपने-आप परेशान नहीं करते···यहाँ के छोटे कर्मचारियों के बच्चों को उकसाते हैं···उनमें हम लोगों के बच्चों के लिए जन्मजात आक्रोश होता है···वे यह नहीं समझते कि उकसानेवाले उनके हितों

के शत्रु हैं···और यह बच्चा सिर्फ डायरेक्टर का ही नहीं बल्कि उन लोगों के साथ मित्रता रखनेवाले इंसान का है। पता नहीं क्यों, ये लोग हमेशा से इन लोगों के षड्यंत्रों के शिकार होते रहते हैं···"

विष्णु नारायण समझ रहा था कि निदेशक काफी अस्थिर हैं। बच्चे की यातना ने उन्हें सिर्फ पिता तक सीमित कर दिया है। वे उससे बाहर नहीं निकल पा रहे हैं। अतः वह बोला, "छोड़ तो आप आज दें···और मैं यह भी जानता हूँ कि जहाँ भी आप जाएँगे इसी तरह के सम्मानित पद पर ही जाएँगे···नई जगह हो सकता है, बच्चों के सामने जरा भी कोई समस्या न आए···"

वे बीच में ही बोले, "हाँ, आर. ई. सी. में तो टीचरें इन बच्चों को गोद में लिए बैठी रहती थीं···"

"वैसे बच्चों को हर तरह का अनुभव होना जरूरी है···लेकिन अध्यापक तक यह नहीं समझते कि बच्चों को प्यार से ज्यादा सिखाया जा सकता है। मेरी राय है कि आप छोड़कर जाने की बात तो छोड़ ही दें···अलबत्ता एक शिकायत प्रिंसिपल के नाम···" विष्णु नारायण एकाएक यह तय नहीं कर पाया कि मिसेज कहें या मेमसाहब ! फिर वाक्य पूरा किया, "···मिसेज डायरेक्टर से भिजवा दें। प्रिंसिपल इतना बेवकूफ नहीं होगा कि संकेत न समझे। इस समय बुलाकर डाँटने से बात का बतंगड़ बन जाएगा। जो यह सब करा रहे हैं उनका मन-चाहा हो जाएगा।"

"आप ठीक कहते हैं···" उठकर वे अंदर चले गए। कुछ देर बाद लौटे तो उनका चेहरा और आँखें ज्यादा भारी थे। आकर बोले, "चलिए, आपकी ही राय सही है···। मैंने वाइफ को भी समझा दिया। मैं इस तरह मैदान छोड़कर नहीं भागूँगा। बच्चे की यातना बहुत बड़ी बात है, पर मैदान छोड़कर भागने की यातना उससे भी बड़ी बात होगी। आपकी राय सही है। बच्चे का बुखार भी कुछ कम हो गया।"

विष्णु नारायण उठा और उनके पीछे चल दिया। रास्ते-भर वे कार के बाहर ही देखते रहे। घर से दफ्तर का रास्ता बहुत कम था। काँस की नुकीली पत्तियाँ हवा से हिल रही थीं। उन पर हिलते हुए सफेद फूल रेशम की-सी लहर लग रहे थे। निदेशक एकाएक बोले, "नारायण साहब, आप कल ही हार्टीकल्चर इंचार्ज को बुलाकर आदेश दीजिए कि इस पतवार को निकाल दिया जाए। यह बहुत बड़ी न्यूसेनिस है। इसका पोलेन लोगों को चैन से नहीं बैठने देता। जहाँ देखो वहाँ उग आती है। इसकी पत्तियों की धार इतनी तेज होती है कि बेबात काटती चली जाती है। आर. ई. सी. में मैं इसे उगने ही नहीं देता था। जहाँ खाली जगह पड़ी हुई है ट्रैक्टर चलवाकर मिट्टी धूप में सुखवाता था। फिर इस पतवार के बीज और जड़ें

बिनवा देता था। यहाँ तो भरी पड़ी है···जहाँ देखो पतवार···आप न भी चाहें तो भी उग आएगी। रास्ता रोकेगी···परेशान करेगी···आप इसे फौरन निकलवा दीजिए। मेरे बड़े बच्चे को तो उससे भयंकर एलर्जी है।''

''जी ! लेकिन यह तो काफी पैसे में बिक जाती है। संस्थान को उससे फायदा ही होता होगा !''

''अजी कुछ नहीं···पिछले साल मैंने आकर नीलाम कराई थी। पंद्रह हजार में बिकी···बिकनी चाहिए थी कम-से-कम तीस हजार में। एकड़ों जमीन है। किसी बाहर के आदमी के नाम से यहाँ के लोगों ने खरीद ली। फिर आपस में डंडा बजा···सारी पतवार खड़ी की खड़ी रह गई। बड़ी मुश्किल से कटी। यहाँ का आदमी चाहे छोटा हो या बड़ा···इस बात पर नजर रखता है कि कहाँ पर क्या फायदा होगा···यहाँ पर तो पैसा नदी की तरह बहता है···यहीं क्या पूरे मुल्क में···आपके पास चालाकी का जितना बड़ा बर्तन हो उतना ही भर ले जाइए···आप उस डीन को क्या समझते हैं···मैं अपने मुँह से नहीं कहूँगा, आप खुद देख लेंगे।''

दफ्तर पहुँचकर कार से उतरते हुए विष्णु नारायण को लगा सब लोग उसे निदेशक महोदय के साथ चलते हुए आश्चर्य के साथ देख रहे हैं। एक बार को तो लगा कि कहीं ये लोग कुछ उल्टा-सीधा न सोच लें ? लेकिन फिर उसे गर्व का एहसास होने लगा। जीने पर चढ़ता हुआ किसी बात पर वह जानकर जोर से हँसा, जिससे लोग समझें कि डायरेक्टर के वह कितने नजदीक आ गया है··· वह उनसे कितना फ्री है। शायद उसका असर भी हुआ।

विष्णु नारायण के कमरे में पहुँचने के आधा घंटे बाद ही श्री सक्सेना उसके कमरे में आए। जिस दिन उसने कार्यभार सँभाला था उस दिन भी वह निदेशक के साथ उनके कमरे में मिलने गया था। बाकी सब लोग तो आ चुके थे। परंतु सक्सेना ने आना पसंद नहीं किया था। जो लोग आते थे बात-बात में उधर की खबर इधर कर जाते थे। उप-प्रशासक अधिकारी तिरखे ने उससे सलाह के तौर पर यह बात कही थी कि आप सक्सेना साहब से अच्छे संबंध रखिएगा। वर्मा साहब और सक्सेना साहब की नहीं पटती थी। इन दोनों के आपसी तालुकात के कारण ही पूरा प्रशासन चौपट हो गया। वैसे भी वे यहाँ के पुराने आदमी हैं···यह ठीक है कि मुख्य पद पर आप हैं···परंतु वे समझते हैं कि उम्र में भी वे बड़े हैं और अनुभव में भी। कभी-कभी हो लिया कीजिए। आप तो मुख्य प्रशासन अधिकारी माने ही जाएँगे। वे समझेंगे कि आपने उनका मान रखा। साथ नहीं देंगे तो विरोध भी नहीं करेंगे···अपनी तरफ से शायद वे न आना पसंद करें। उन्होंने कहा-कुछ नहीं। मैं अपनी तरफ से ही

कह रहा हूँ। मि. तिरखे की आँखें छोटी थीं और उनमें सुई की नोक का-सा तीखापन था। वे बात करते हुए अपनी आँखों को दूसरे के अंदर प्रविष्ट कर देते थे। विष्णु नारायण ने उनकी बात का इसीलिए जवाब नहीं दिया। बल्कि बहुत ही अप्रतिबद्ध ढंग से कहा, "इसमें क्या शक है, वे उम्र में भी बड़े हैं और अनुभव में भी।"

उसके बाद तिरखे कुछ नहीं बोले। इतना कहकर चले गए, "मेरे लायक कभी कोई भी काम हो तो बताइए।"

उस दिन सक्सेना साहब अचानक आ गए तो आश्चर्य हुआ। उसने उठकर, हाथ मिलाया और बैठने के लिए कुर्सी दी। वे अपने-आप ही बोले, "कई दिन से सोच रहा था कि चलकर आपके पास बैठा जाए। लेकिन दम लेने तक की फुर्सत नहीं मिलती। यह विभाग ही ऐसा है। आपके आने से मुझे बहुत खुशी हुई। हम लोगों का क्या...पाँच-सात साल में रिटायर हो जाएँगे। आप कम-से-कम चौदह-पंद्रह साल तो रहेंगे...! वैसे आजकल नौकरी का कुछ पता नहीं...लोगों के झक पर चलती है...खुश तो तख्त और नाराज तो तख्ता। लेकिन आप तो समर्थ व्यक्ति हैं, आप पर यह बात लागू नहीं होती। इतनी उम्र में इस पद पर आना कोई कम महत्त्वपूर्ण बात नहीं। मेरा फाइल नंबर आपको पता है ?...पंद्रह है यानी जीरो जीरो वन फाइव। संस्थान के शुरू होने के बाद ज्वाइन करनेवाला मैं पंद्रहवाँ व्यक्ति था। लेकिन उससे क्या...वेतन और वेतनक्रम तो वही है। इसलिए मुझे क्या फर्क पड़ता है। नौकरशाह को तो पैसे की चिंता होती है...पद से क्या लेना-देना ! उन मूर्खों की बात छोड़िए जो कहते हैं नाम दरोगा रख दो, दस रुपल्ली दे दो। साले बेईमान...यह मानकर ही चलते हैं कि पद हो तो पैसा आ ही जाएगा।"

विष्णु नारायण सक्सेना की सब बातों में हाँ में हाँ मिलाता जा रहा था। उसने उनकी बातों को किसी भी बिंदु पर काटना पसंद नहीं किया। हालाँकि समर्थ होने-वाली बात पर उसके मन में उबाल आया था। एक क्षण को उसने महसूस किया था कि सक्सेना प्रकारांतर से उसे सिफारिशी टट्टू कह रहे हैं। नहीं तो समर्थ होने से क्या मतलब, सभी समर्थ होते हैं सभी असमर्थ। लेकिन अंदर-ही-अंदर वह दबा गया।

सक्सेना ने अपना बयान जारी रखा, "जहाँ तक मेरे विभाग का सवाल है उसमें जरा भी कोताही नहीं पाएँगे। हर काम कायदे से होता है। मि. वर्मा अब नहीं हैं, भगवान उनकी आत्मा को शांति दे। पर पता नहीं क्यों मुझसे बदजन रहते थे। इसमें उन्हीं की हेठी हुई। डायरेक्टर चाहे मनकेकर रहे हों, या हिवाना...वे चाहे जो लिख दें पर आदेश मुझसे ही सलाह लेकर के पारित होते थे। दरअसल मुझे एक बहुत

बड़े संन्यासी का आशीर्वाद प्राप्त है—कि बच्चा ! जो भी तुझसे झगड़ेगा वह मिट्टी में मिल जाएगा। खैर, उनका तो हार्टफेल हुआ था···।"

विष्णु नारायण को उनकी बातें असुविधाजनक लग रही थीं। वे कहने के बाद अपनी हर बात की प्रतिक्रिया उसके चेहरे पर देखते थे। जब समझ लेते थे कि प्रतिक्रिया पक्ष में है तो अगली बात उठाते थे। वे तत्काल बोले, "मैं यह बातें असुविधा उत्पन्न करने के लिए नहीं कह रहा हूँ···बल्कि यहाँ के हालात से अवगत करा रहा हूँ। आखिर हम लोग आपको सब बातों से परिचित नहीं कराएँगे तो कौन कराएगा ? वैसे भी यह संस्थान बहुत भयंकर है। ऐसा शिगाफ लगाते हैं कि···खानेवाले को पता ही नहीं चलता और चुटकी बजाते जिंदगी स्पष्ट यानी साफ हो जाती है···कोई पलटकर नाम तक नहीं लेता।"

स्पष्ट शब्द के प्रयोग पर अपने-आप ही हँसे, "अब वर्मा साहब को देख लीजिए, चले गए, कोई पूछता है ? अगर मैं मदद न करता तो फेमिली पेंशन भी न मिलती। सोचा, उनका किया उनके साथ, हमारा किया हमारे साथ।"

उसने बात बदलने के लिए पूछा, "चेक भी आप ही साइन करते हैं ?"

"अजी कहाँ, वर्मा साहब को चेक साइन करने की, पेमेंट आर्डर देने की झक थी। आप चाहेंगे तो मैं कर दिया करूँगा। मुझे कोई फर्क नहीं पड़ता। हम भी तो आपके बिहाफ पर करेंगे। इस बात को पता नहीं वे क्यों नहीं समझते थे। यह भी नहीं कि साइन करने का कोई फायदा ही उठा लेते···खैर, हमें इससे क्या लेना-देना ! अब तो बेचारे भगवान को प्यारे हो गए। लोग उनकी कंजूसी के भी बहुत से किस्से सुनाते हैं···"

विष्णु नारायण ने बीच में हस्तक्षेप किया, "हाँ, हमने सुना है···"

"आपने भी सुन लिया !" वे ताली बजाकर काफी जोर से हँसे। हँस चुके तो बोले, "आपने मि. तिरखा से मेरे लिए कह भी दिया कि मैं अनुभव और उम्र में बड़ा हूँ। पर वे ये कभी नहीं मानते थे कि जिस क्षेत्र में मैं काम करता हूँ, उस क्षेत्र में मुझे उनसे ज्यादा अनुभव है। खैर, मुझे क्या फर्क पड़ता है। वे अपनी जगह, मैं अपनी जगह।"

विष्णु नारायण एक क्षण को चौंका। अच्छा हुआ उसने तिरखा की बातों पर कोई टिप्पणी नहीं की थी। बात को दूसरी तरफ ले जाने के लिए वह बोला, "आपके बच्चे तो सब बड़े-बड़े होंगे ?"

सक्सेना थोड़े सुस्त हो गए, "बस, यही एक दुखती रग है—दोनों लड़कियाँ क्वाँरी बैठी हैं। लड़के···सच पूछिए तो···हम यही सोचकर यहाँ आए थे कि इतने बड़े संस्थान

में जा रहे हैं···वहाँ की आबोहवा से शायद हमारे बच्चे किसी योग्य निकल आएँ। पर मनचाही कहाँ होती है। सब बेकार घूम रहे हैं।''

''अरे, चिंता क्यों करते हैं ! भगवान ने चाहा तो जल्दी ही कुछ-न-कुछ होगा···''

उसके बाद सक्सेना साहब का मन उखड़ गया। वे उठकर चलने लगे तो विष्णु नारायण ने कहा, ''चाय मँगाता हूँ···एक प्याला चाय पीकर जाइए।''

''नहीं, अब चलता हूँ···हाँ, हम लोग दोपहर में चाय पीते हैं···आप भी वहीं पी लिया कीजिए।''

''ठीक है···मैं आ जाऊँगा। किस समय ?''

''यही लंच आवर में।''

सक्सेना जाते-जाते फिर लौट आए और कान के पास जाकर बोले, ''कोई खास बात तो नहीं थी ?''

''किस बारे में ?''

''अब उड़िए नहीं।''

यह वाक्य विष्णु नारायण को थोड़ा नागवार गुजरा। वह गर्दन झटक कर बोला, ''उड़ने की क्या बात है ?''

सक्सेना समझ गए, फौरन कहा, ''डायरेक्टर साहब के साथ गए थे ना ?''

''अच्छा वो···वो तो ऐसे ही, घर जा रहे थे, बोले—चलो···हमारा बँगला भी देख लेना। मैं चला गया।''

''अपनी मेम साहब से मुलाकात करवाई या नहीं ?''

''जी, उनका बच्चा बीमार था इसलिए वे अंदर व्यस्त थीं।''

सक्सेना के मुँह पर कोई बात आई। मुस्कुराए भी। पर उसे उगल नहीं पाए। विष्णु नारायण का मन हुआ भी कि पूछे क्या बात है···कहते-कहते रुक क्यों गए ? पूछना मुनासिब नहीं समझा।

उस दिन वह किसी तरह जल्दी उठ गया। उसने उस दिन संस्थान की गाड़ी की प्राइवेट बुकिंग भी कराई थी। इसलिए उठने में उसे और भी आसानी हो गई। गाड़ी में आना-जाना उसे आज से नहीं, पहले से ही अच्छा लगता था। जब वह छोटा था तो

घर पर घोड़ागाड़ी थी। लेकिन जब निजाम बदला तो घोड़ा-गाड़ी वगैरह सब बिक गए। उस समय यही समझा गया था कि सब एक-से हो जाएँगे। बहुत से जमींदारों को जो जमीनें 1857 के 'गदर' के समय अँग्रेजों की नमक-हलाली और देश की गद्दारी के नाम पर बख्शी गई थीं, वे जमींदारी-उन्मूलन की भेंट हो गई थीं। जिन लोगों ने जमीनें खरीदी थीं, वह भी शोषण से कमाए रुपये का चमत्कार था। दरअसल तब जमीनों की ही जमींदारी और सरमायेदारी थी। लोग यही चाहते थे—जमींदारों, ताल्लुकेदारों और रजवाड़ों की जमीनें छिनी और देश में समानता आई। गाँधी की आजादी पर लोगों को ज्यादा विश्वास था। लेकिन बाद में आई नेहरूजी की आजादी। उसने अँग्रेजों के उन जमींदारों से भी बड़े जमींदार पैदा कर दिए। विष्णु नारायण के खानदान में ही जो जमींदार थे और अपनी-अपनी जमीनों के एवज में बांड पा गए थे, देखते-देखते उनकी फैक्ट्रियाँ खड़ी हो गईं, होटल खुल गए…एजेंसियाँ खुल गईं…घोड़ा-गाड़ियाँ भले ही चली गईं, उनकी जगह मोटर-गाड़ियाँ आ गईं।

जब विष्णु नारायण के घर की घोड़ा-गाड़ी और जमीन जायदाद गए थे तो अपने खासुलखास, कहने को नौकर वैसे सरपरस्त, नानू ने उसे समझाया था, कि रोने की कोई बात नहीं…अब तो सब एक-से हो जाएँगे। किसी के पास न घोड़ा रहेगा न गाड़ी। जैसे तुम 'आमवाले आम दे' खेल खेलते हुए कहते हो 'सब हैं सरकार के', उसी तरह ये सब भी सरकारी हो जाएँगे। लेकिन जब कुछ ही दिनों में नगर के ऐसे बहुत लोगों के दरवाजे पर गाड़ियाँ खड़ी नजर आईं जिनके पास साइकिल तक नहीं थी और जब उनकी गाड़ी निकलती थी तो वे दीवार से सट जाते थे; तो विष्णु नारायण ने नानू से पूछा था, "तुम तो कहते थे कि सब गाड़ियाँ सरकार की हो जाएँगी…सब एक-से हो जाएँगे…जो पैसे देगा गाड़ी चढ़ेगा…इन सबके पास इतनी लंबी-लंबी गाड़ियाँ कहाँ से आईं ? सरकार इन सबकी गाड़ियाँ क्यों नहीं छीनती ?" नानू के पास उसके इस सवाल का कोई जवाब नहीं था। सिवाय इसके कि वह यही कहकर चुप हो गया कि "पता नहीं, सुना तो यही था। लगता है, कहीं गड़बड़ हो गई। एक की कटी गिरह दूसरे के पास पहुँच गई…"

विष्णु नारायण प्रश्न का जवाब बाद में भी काफी दिन तक ढूँढ़ता रहा। जवाब में यही मिला…कारों की बढ़ती संख्या, ऊँचे उठते मकान और बाजारों में बढ़ती खरीदारों की भीड़ तथा चारों तरफ फैली झुग्गी-झोंपड़ियाँ। पहले जब नानू के साथ बाजार जाता था तो दुकानदार करीब-करीब खाली बैठें नजर आते थे जैसे उन्हीं का इंतजार कर रहे हों। लेकिन अब स्थिति भिन्न थी। विष्णु नारायण के घर की हालत जितनी तेजी से बिगड़ती गई, औरों की हालत उतनी तेजी से सुधरती गई।

विष्णु नारायण तभी इतना नदीदा हो गया था कि किसी की भी गाड़ी खड़ी होती थी तो वह उसी में बैठने की जिद करने लगता था। कई-एक बार तो इस बात पर बाजार में ही, उसके पिता द्वारा उसकी पिटाई तक हुई। पर यह उसकी मजबूरी थी। गाड़ी-प्रेम उसके अंदर बचे अवशेषों की तरह मौजूद रहा। बड़ा होने पर वह अपनी बड़ी बहन से हँसी में भी यही कहा करता था कि मुझे दो चीजें चाहिए—कालीन और क़ार। ये दोनों ही चीजें उसने घर से बाजार में जाती देखी थीं। उसकी इस बात पर सब हँसते थे कि देखो इसे इन दो के अलावा न रोटी चाहिए—न कपड़ा और न घर। आगे चलकर हुआ भी यही कि पहला मौका मिलते ही उसने सबसे पहले क़ार खरीदी। भले ही वह सेकेंड-हैंड थी। कैसे खरीदी और क्या-क्या हुआ यह बाद की बात है। फिलहाल कहने का मतलब सिर्फ यही कि सभी मोह छूटे, पर सवारी का मोह वह कभी नहीं छोड़ पाया।

शाम को दफ्तर से वह घर पहुँचा तो दीदी ने उसी मानसिक स्थिति में भी चोट की "कार मिल गई !" हँस तो नहीं पाईं पर मुस्करा दीं। उसने भी हँसकर बड़े सहज लहजे में कहा, "जब तक अपनी नहीं तब तक सरकार की सही।"

सब लोग हँस दिए।

उस समय उसका बेटा काफी खुश था। अपने साथी नौकर के साथ खूब हँस रहा था। अलबत्ता वह जमीन पर बैठा ही बैठा खेल रहा था। उसने पुकारा तो तत्काल उसकी तरफ देखकर मुस्कराने लगा। फिर वह अलग-अलग दिशाओं से छिपकर पुकारने लगा। हर बार वह उसी दिशा में देखता था जिस दिशा से आवाज आती थी। विष्णु नारायण को आश्चर्य हो रहा था कि डॉ. दीक्षित ने उसके बेटे को अविकसित बुद्धि का कैसे कह दिया ! यह बात अलग है कि उसमें शारीरिक रूप से कोई कमजोरी हो। पर मस्तिष्क···?

बेटे के नौकर-साथी को पानी लाने के लिए कह उसे गोद में उठा लिया और उछालने लगा। जब वह ऊपर जाता तो उसे वैसे ही सुबकी आती थी जैसे बच्चों के नहलाते समय सिर पर ठंडा पानी डालने पर आती है। परंतु नीचे आते हुए वह खिलखिलाकर हँस पड़ता था। दो-चार बार उछाल लेने के बाद उसने उसे गोद में ले लिया। इधर-उधर देखा। दो-तीन जगह चिकोटियाँ काटीं। उसे ऐसा लगा जैसे

उस पर उसकी कोई खास प्रतिक्रिया नहीं हो रही। उसने फिर एक बार इधर-उधर ताका और जाँघ पर जोर से चिकोटी काट ली। बच्चा बिलबिला उठा। उसे लगा जैसे बेटे को ऐसा कुछ हो गया है जिसे वह नहीं जानता। इतना नर्वस हो गया था कि उसकी समझ में नहीं आ रहा था कि वह क्या करे ? उसकी बड़ी और छोटी दोनों बेटियाँ खेल रही थीं। उसने उन्हें माँ को बुलाने के लिए कहा। वे माँ के पास दौड़ी-दौड़ी गईं और बोलीं, "भैया को पापा ने रुला दिया।" लेकिन तब तक उसका बिलबिलाना कुछ कम हो गया था। जहाँ उसने चिकोटी काटी थी वह हिस्सा लाल हो गया था और एक मोटा दाफड़-सा उभर आया था। उस पर नजर गई तो विष्णु नारायण अपनी गलती के अहसास से दब गया। उसे लगा कि वह निश्चित रूप से एक जालिम किस्म का आदमी है, नहीं तो भला वह अपने ही बेटे को इतनी जोर से क्यों चूँटता। भले ही वह यह जानना चाहता रहा हो कि उस पर चिकोटी का असर होता है या नहीं ?

जब तक माँ आई, तब तक वह कुछ शांत हो गया था, पर सुबक रहा था। माँ को देखते ही वह हाथ फैलाकर उसकी गोद में चला गया। इस तरह उचककर गया जैसे वह शरणस्थली हो। विष्णु नारायण को लगा जैसे कोई दाँव हार गया हो। उसने कभी सोचा भी नहीं था कि वह उससे इतना खफा हो जाएगा। हमेशा बिल्कुल उसका उल्टा होता था। अगर वह माँ की गोद में खेलता होता था तो पापा को देखते ही हाथ फैलाकर इस तरह लपकता था कि पता नहीं खुशी का कितना बड़ा खजाना उसके हाथ लग गया हो। माँ इस बात पर खिसिया जाती थी। उसे लगा कि उसके बेटे ने उसे इस कृत्य के लिए माफ नहीं किया। वह उसको बहुत फुसलाता रहा पर वह आँखें बंद किए, माँ के कंधे से चिपका थोड़ी-थोड़ी देर बाद, छोटी-छोटी हिचकियाँ लेता रहा। उसका साथी-नौकर पानी ले आया था, लेकिन उसने बिना पिए लौटा दिया। पत्नी ने चाय पीने को कहा तो उसने मना कर दिया, "चलो, जल्दी दिखा लाते हैं···फिर कार भी वापस जाएगी।"

कपड़े बदलने के लिए पत्नी ने उसे देना चाहा तो वह यथावत् चिपका रहा, अलबत्ता बुआ के पास चला गया। दरअसल वह चुपचाप आकर खड़ी हो गई थीं और उसके सिर पर हाथ फेर रही थीं। विष्णु नारायण विचलित-सा खड़ा उन सबको देख रहा था। तब तक उनमें से किसी ने उसका वह दाफड़ नहीं देखा था।

जाने लगे तो दोनों बेटियाँ भी साथ हो लीं। गाड़ी में चलने की वजह से या फिर दोनों बहनों के साथ खेलते रहने के कारण बच्चा थोड़ी ही देर बाद हँसने लगा। आँख बचा-बचाकर पापा की तरफ देखता जा रहा था। विष्णु नारायण की नजर

भी लगातार उसी पर थी। बोल बिल्कुल नहीं रहा था। पत्नी अवश्य बीच-बीच में कहती जा रही थी, "भला देखो इस पाजी को···आज पापा के पास ही नहीं गया···कहाँ इंतजार करता रहता था।" फिर उससे बोली, "तुम जरा-सी बात से इतने दुःखी हो गए···बच्चों के स्वभाव को माताएँ ही समझती हैं···पिता तो उसका हँसना या रोना ही देखते हैं। हँसता रहा तो खेलते रहे और रोया तो माँ को थमा दिया···ज्यादा रोया तो बिगड़ लिए···चुप क्यों नहीं करतीं···बहुत हुआ तो बोले—डॉक्टर को दिखा लाऊँ क्या···?" वह कहकर हँस दी, विष्णु नारायण ने भी हँसना चाहा पर वैसे नहीं हँस पाया जैसे उसे हँसना चाहिए था या हँसता था।

बेटा अभी भी बार-बार तिरछी नजरों से उसे देख रहा था। विष्णु नारायण गाड़ी में ही उसके साथ झात-झात खेलने लगा। बड़ी बेटी तो अपनी माँ को सड़क की चीजें दिखा-दिखाकर बतियाती जा रही थी, "देखो मम्मी घोड़ा···मम्मी हाथी।" हाथी तीनों बच्चों का प्रिय जानवर था। विष्णु नारायण उन दोनों को हाथी दिखाने लगा तब तक हाथी पीछे छूट गया।

छोटी लड़की देख नहीं पाई तो वह रोने लगी, "कहाँ है हाथी, दिखाइए।"

ड्राइवर बोला, "बैक कर लेता हूँ···सर।"

"नहीं नहीं, चलो।"

आशीष भी हाथ से ऊँ-ऊँ करने लगा। विष्णु नारायण उसे ऊँ-ऊँ करते देख मुस्कराया। आखिर गाड़ी बैक करानी पड़ी। थोड़ी दूर उसके साथ-साथ चली। बच्चे इस बात से बहुत प्रसन्न थे। माँ ने बेटे से कहा, "पापा को पप्पी दे दे।"

बेटे ने बहुत धीरे-धीरे मुँह बढ़ाया और पप्पी दे दी। विष्णु नारायण की आँखें बच्चों की तरह छलछला आईं। उसने उसे पीछे की सीट पर से आगे की सीट पर खींचा और सीने से चिपका लिया।

बेटा पापा से खुश था। डॉक्टर को दिखाते समय भी वह उसी की गोद में चढ़ा रहा। विष्णु नारायण को लगा, बच्चों के दिल में माफी का खाना बहुत बड़ा होता है। इंसान जैसे-जैसे बड़ा होता जाता है वह खाना सिकुड़ता जाता है। लेकिन मजबूरी यह है कि इंसान चाहकर भी हमेशा बच्चा नहीं रह सकता। जब, जो, जिस अवस्था में होता है उसे उसी के गुण-दोष भोगने पड़ते हैं। बच्चे बच्चा होने का सुख भोगते हैं और बड़े बड़ा होने का अभिशाप। यह बात अलग है कि दोनों ही एक-दूसरे के दुःख को सुख और सुख को दुःख समझने की भूल करते रहते हों।

डॉक्टर गुप्ता उसे जितने ध्यान से देख रहे थे, उसे देखकर लग रहा था कि वे स्थिति को काफी गंभीरता से ले रहे हैं। जैसे-जैसे वे अपने परीक्षण में गंभीर होते

जाते थे वैसे-वैसे विष्णु नारायण का तनाव भी बढ़ता जाता था। वे इतने तल्लीन थे कि उनकी प्रतिक्रिया समझना कठिन था। डॉक्टर का हाथ एकाएक बच्चे की जाँघ पर पहुँचा तो बच्चा चिहुँक उठा। "यह कब से है ?" डॉक्टर साहब ने उसकी तरफ देखकर पूछा।

विष्णु नारायण की समझ में नहीं आया कि वह क्या जवाब दे। हकबका-सा गया। डॉक्टर ने उसे दुबारा जब गौर से देखा तो बोले, "लगता है या तो किसी चीज में दब गया, या मच्छर-वच्छर ने काट लिया। दुःख रहा है तो किसी चीज से दबा हुआ ही लगता है।"

उसे एकाएक लगा कि जैसे डूबते-डूबते उसका सिर बाहर निकल आया हो और साँस लेने का मौका मिल गया हो। उसने पत्नी की तरफ देखा। वह चुपचाप खड़ी थी और अंदर ही अंदर परेशान थी कि पता नहीं किस चीज ने काट लिया। उसने धीरे से कहा, "लगता है आशीष इसीलिए रोया था।"

उसने महसूस किया इस बार वह फिर पानी के अंदर चला गया। किसी तरह साँस ली और गर्दन ऊपर उठाई। हाथ पीछे की तरफ करके पत्नी को चुप कर दिया।

डॉक्टर साहब देख चुके तो अपनी कुर्सी पर आ गए। थोड़ी देर आँखें बंद किए रहे। फिर बोले, "डॉ. दीक्षित ने जो बात आपसे कही उसे तो आप भूल जाइए।" विष्णु नारायण ने आँखें बंद कर लीं। उनका वाक्य उसके लिए गूँगे के गुड़ की तरह हो गया। डॉक्टर कहते रहे, "क्या बताएँ, कुछ हमारे साथी ऐसे हैं, उनका सोचने का तरीका पथरा गया है···इस बात को नहीं सोचते कि इस तरह की बातों से बच्चे के माँ-बाप पर क्या असर पड़ेगा। उनके इस नुस्खे को यह तो नहीं कहूँगा कि फाड़कर फेंक दें—चाहें तो उठा कर रख दें। लेकिन···" कहते-कहते वे रुक गए। जितनी सहजता आई थी एकाएक खत्म हो गई। तेज रफ्तार पर चल रही गाड़ी के मीटर की सुई की तरह उन लोगों का मानसिक तनाव तेजी से ऊपर जाने लगा। डॉक्टर ने कुछ सोचकर कहा, "ऐसा लगता है कि डिलीवरी के समय कोई चीज इसके ब्रेन के दाएँ हिस्से में लग गई···फोरसेप वगैरह !"

पत्नी ने कहना चाहा कि डिलीवरी तो एकदम सामान्य हुई थी···फोरसेप की जरूरत ही नहीं पड़ी। पर डॉ. गुप्ता ने रोक दिया था। अपनी बात जारी रखी, "इसका बायाँ लिंब थोड़ा कमजोर—ऐसा नहीं कि इसका दिमाग विकसित न हो। हो सकता है मस्तिष्क में चोट न आई होती तो और अधिक स्वस्थ हुआ होता। आप इसकी ज्यादा चिंता न करें···आप इस बच्चे को थोड़ी एक्सरसाइजेज कराएँ। उससे जो हिस्सा आंशिक क्रियाशील है वह ज्यादा क्रियाशील होगा।" उन्होंने चार वर्जिश कराकर बताईं।

पत्नी ने पूछा, "इसके चलने-फिरने में कोई फर्क तो नहीं आ जाएगा ?"

"मैं नहीं समझता…हो सकता है थोड़ी-बहुत डिफार्मिटी रह जाए। पर वह भी उतनी नहीं होगी जितनी हो सकती थी। लेकिन एक्सरसाइज आपको इसी तरह करानी होगी जैसे खाना बनाती हैं और सबको खिलाती हैं।"

"और पढ़ाई-लिखाई ?" विष्णु नारायण के इस सवाल को उन्होंने हँसकर लिया।

"सामान्य रूप से ठीक ही रहनी चाहिए। अगर बहुत ब्रिलियेंट नहीं होगा तो फिसड्डी भी नहीं रहेगा। इसके बाएँ हाथ से चीजें उठवाने व पकड़वाने की कोशिश किया करें।"

विष्णु नारायण और उसकी पत्नी दोनों के ही चेहरे उतर गए थे। शायद वे यह सोचकर आए थे कि यह डॉक्टर उसे पूरी तरह क्लियर कर देगा। फिर भी डॉक्टर ने उन्हें समझाने के लिए ज्यादा खोलकर बताया, "आपने इंबेसाइल बच्चे देखे हैं…ईश्वर ने बहुत कृपा की है कि इस बच्चे में ऐसी कोई बात नहीं। वरना हो सकता था कि डॉ. दीक्षित की बात सही हो जाती। अब आप लोग अपने दिमाग से वे सब बातें निकाल दें। और एक नॉर्मल बच्चे की तरह इसकी परवरिश करें। बस एक्सरसाइज इसका एकमात्र इलाज है।"

डॉक्टर बाहर तक छोड़ने आया। फीस देनी चाही तो फीस नहीं ली। विष्णु नारायण को इस बात से सम्मान की अनुभूति हुई।

घर दीदी इंतजार कर रही थीं। उन्हें सभी बातें बता दीं। वे काफी देर तक उसे गोद में लिए उसके हाथ-पैरों की एक्सरसाइज कराती रहीं। शुरू-शुरू में तो उसे खेल की तरह लगा। बाद में वह रोने लगा। दीदी ने उसे उसके साथी-नौकर को दे दिया। वह खुशी से उसके पास चला गया।

रात को सोते समय पत्नी ने बेटे की जाँघ पर पड़े निशान को फिर देखा और कहा, "पता नहीं किस जानवर ने काट लिया…जरा-सा ऊपर काट लेता तो लेने के देने पड़ जाते।"

विष्णु नारायण ने करवट बदल ली। वह फिर बोली, "देखो, कैसा नीला पड़ गया।"

इस बार वह थोड़ा झुँझला गया, "देख लिया भाई देख लिया ! अब जो हो गया सो हो गया…उसे कब तक गाती रहोगी !"

"गा थोड़े ही रही हूँ, बता रही हूँ। आखिर बच्चा है, किस तरह बिलबिला गया था !"

विष्णु नारायण क्षण-भर कुछ नहीं बोला। फिर करवट बदलकर अपने गिरहबान

की तरफ देखते हुए बोला, "जब मैं छोटा था···हूँगा कोई डेढ़-दो साल का। माँ तो—सवा साल का ही था तो स्वर्ग सिधार गई थी। पिताजी के पास सोया करता था। एक रात सोते-सोते पिताजी ने एकाएक मेरे घुटने में बुड़क भर लिया यानी काट लिया। मैं बिलबिला कर रो पड़ा। पिताजी ने उठकर देखा···तो उनके दाँतों के निशान। ···पता नहीं सपने में उन्हें मेरा घुटना अमरूद लगा था या सेब—फिर वे मुझे रात-भर गोदी में लिए बैठे रहे। जब तक मैं रोता रहा तब तक वे रोते रहे।"

पत्नी को इस बात पर जोर से हँसी आ गई। जबकि विष्णु नारायण की आँखें नम थीं।

जब सब सो गए तो विष्णु नारायण ने उसकी जाँघ का निशान देखा। वाकई नीला पड़ गया था।

धीरे से बुदबुदाया, "सॉरी, बेटा मुझे माफ कर दे !"

विद्या परिषद की बैठक हर महीने हुआ करती थी। अध्यक्ष निदेशक होते हैं और उसके सचिव प्रशासन-अधिकारी। विष्णु नारायण जैसे ही कमरे में पहुँचा, निदेशक की एक चिट रखी मिली, तत्काल बुलाया था। अपनी ब्रीफकेस रखकर वह उल्टे पाँव निदेशक के कक्ष में चला गया। निदेशक के कक्ष में विद्या परिषद के कुछ सदस्य मौजूद थे। वह चुपचाप कोनेवाली खाली कुर्सी पर बैठ गया। डॉ. दामोदर काफी उत्तेजित थे। बाकी लोग—प्रो. नवांश, प्रो. देसाई, प्रो. मोना, प्रो. नांदीकर, प्रो. विल्सन, प्रो. पाराशर वगैरह समर्थन में गर्दनें हिला रहे थे।

डॉ. दामोदर कह रहे थे, "आपने बिना विद्या परिषद के पूछे उन लड़कों को प्रवेश कैसे दिया ? सारे मुल्क के लड़के कॉंपटीशन से आते हैं, हूश किस्म के इन लड़कों को ऐसे ही ले लिया गया ! आप इस संस्थान को डिग्री कॉलेज बना देना चाहते हैं···यह इस मुल्क की सर्वोच्च शैक्षिक परंपराओंवाला संस्थान है। आप इसे नहीं समझ पाएँगे। आप इस संस्थान के निदेशक भले ही हों पर आपने उन समृद्ध परंपराओं को जीवन में न कभी देखा है और न उनका परिचालन किया है। आप इस संस्थान की ईंट से ईंट बजाने पर उतारू हैं। आपको मालूम है, आपके पहले निदेशक ने त्यागपत्र देते समय क्या कहा था—अगर मेरे छात्र और मेरे साथी अध्यापकों का विश्वास मेरे ऊपर से उठ गया तो मैं एक दिन भी इस कुर्सी पर

नहीं बैठना चाहूँगा···और बिना इस बात की चिंता किए कि कहाँ जाएँगे, फौरन कुर्सी छोड़कर चले गए थे···आपने तो सबका विश्वास बेच डाला···"

डॉ. दामोदर साँस लेने के लिए रुके तो प्रो. नवांश ने कमान सँभाल ली, "सर, इस संस्थान को आप बरबाद न करें···हम लोग इस संस्थान को एक 'टेम्पल' समझते हैं। यह संस्थान जवाहरलाल नेहरू और उस महान् देश के महान् राष्ट्रपति की दोस्ती की यादगार है जिसने इसे देश की विज्ञान और प्रौद्योगिकी की समृद्धि के लिए प्रतीक के रूप में हमें भेंट किया है। विज्ञान और प्रौद्योगिकी के उस मसीहा-देश के दस विश्वविद्यालयों के समूह ने अपने ज्ञान और साधनों के दरवाजे हमारे लिए खोल दिए थे···"

निदेशक ने बीच में ही टोककर पूछा, "आप ही बोलते रहेंगे या मुझे भी बोलने देंगे···"

डॉ. मोहन ने कहा, "आप जो कहेंगे हमें मालूम है···मैं तो सिर्फ इतना ही कह सकता हूँ कि आपके पाँव के लिए यह जूता बहुत बड़ा है···"

"आपका मतलब ?"

"मतलब यही कि आप इस महान् संस्थान को जिस तरह से चलाना चाहते हैं, उस तरह नहीं चलने दिया जाएगा···"

"जब तक इस कुर्सी पर हूँ, तब तक मैं इसे अपनी तरह ही चलाऊँगा···मुझे भारत सरकार ने भेजा है···," फिर सबकी तरफ गौर से देखते हुए बोले, "आप लोग मेरी बात करते हैं, आप लोग बताइए जिन-जिन विभागों में आप लोग हैं आपने कितनी रिसर्च की ? आपकी क्या शैक्षिक उपलब्धियाँ हैं ? कितने शोध-पत्र अंतर्राष्ट्रीय शोध-पत्रिकाओं में छपवाए···?"

एक क्षण को सब इस तरह चुप हो गए जैसे वे लोग इस सवाल के लिए तैयार होकर नहीं आए थे। फिर प्रो. देसाई ने कहा, "डॉ. प्रयाग, आप डायरेक्टर जरूर हैं···लेकिन आप हमारी 'एकेडेमिक इंडीपेंडेंस' में हस्तक्षेप नहीं कर सकते। हम अपने काम के प्रति अपनी जिम्मेदारी समझते हैं। आप हमारे सवालों का जवाब नहीं देना चाहते तो न दें, हमें विद्या परिषद की विशेष बैठक का आह्वान करना पड़ेगा···तब तो आप हमारे सवालों का जवाब देंगे ?"

डॉ. देसाई उठे तो सब खड़े हो गए। डॉ. मोहन ने कहा, "आपसे बात करने का कोई अर्थ नहीं···आप हमारे सवालों का जवाब न देकर उल्टे हमसे सवाल करने लगे ! आप इस तरह अपना बचाव नहीं कर सकते। यह सवाल पूछकर यहाँ के समस्त बौद्धिक वर्ग को ललकारा गया है···"

वे लोग एक-एक करके बाहर चले गए। निदेशक जब तक सँभलें वे सब बाहर थे। निदेशक ने विष्णु नारायण की तरफ देखा। वह कोनेवाली कुर्सी पर तब भी सिकुड़ा हुआ बैठा था। उसकी समझ में नहीं आ रहा था कि वह क्या करे। इस सबमें उसकी क्या भूमिका हो सकती है ? निदेशक थके हुए से लगे। वे स्वयं ही बोले, "देखा मि. नारायण ! ये लोग किस लहजे में बात करते हैं। अगर आप बाहर से आए हों तो क्या अंदाज लगाएँगे ? यही न कि ये लोग मालिक हैं और मैं इनका नौकर। मुझे यह भी अधिकार नहीं कि मैं इनसे पूछ सकूँ कि आप अनुसंधान के क्षेत्र में क्या कर रहे हैं ? अपने को ज्ञानी समझनेवाले व्यक्ति से उसके ज्ञान के बारे में पूछना क्या गुनाह है ? आखिर मैं संस्थान का प्रशासनिक हेड ही नहीं, शैक्षिक हेड भी हूँ। यह मेरा दायित्व है कि मैं संस्थान के शैक्षिक स्तर की जानकारी रखूँ। इनके कहने का मतलब तो सिर्फ यह हुआ कि मैं सिर्फ उनके प्रोजेक्ट के लिए पैसा मंजूर करता रहूँ, देश-विदेश में घूमने के दिए रुपया बाँटता रहूँ···यह न पूछूँ कि आखिर आप कर क्या रहे हैं। पूछूँगा तो ये विद्या परिषद की मीटिंग बुलाकर मेरी कान खिंचाई करेंगे। आगे-पीछे मेरी खिल्ली उड़ाएँगे···मुझे अशिक्षित कहेंगे···मेरे बच्चों को हेरेस करेंगे। मेरी पत्नी को चरित्रहीन साबित करेंगे··· ।"

"आप उत्तेजित न हों···आप निदेशक हैं। संसद द्वारा पारित अधिनियम के जरिए संसद ने आपके दायित्व और अधिकार निर्धारित कर दिए हैं···उन पर ये लोग कैसे प्रश्नचिह्न लगा सकते हैं ? आखिर ये सब ऐसा क्यों कर रहे थे ?"

"आपको नहीं मालूम, यह सब एस. सी./एस. टी. छात्रों का चक्कर है। शिक्षा मंत्रालय ने मुझे बुलाकर कहा था कि देखिए आप इन छात्रों को बिना कॉम्पटीशन के दाखिला दीजिए···उनमें से किसी भी लड़के को इसलिए संस्थान से न निकालें कि उनके ग्रेड कम हैं···उन लोगों के सामने अपने वातावरण और सराउंडिंग की इतनी जबरदस्त समस्या है कि उनके साथ सामान्य छात्रोंवाला व्यवहार नहीं किया जा सकता। मैं अगर इनसे पूछता तो ये हरगिज तैयार न होते। उन लड़कों की जिंदगी खराब हो जाती। मैं नहीं चाहता कि इस वर्ग से आनेवाले ये बच्चे हमारे तथाकथित बुद्धिजीवियों की अहंमन्यता के शिकार हो जाएँ। मुझे जो करना था मैंने कर दिया···इन लोगों को जो करना है ये करें। ···हाँ, आप जरा पिछले मिनिट्स निकलवाकर देखिए···मुझे पता चला है कि कुछ वर्ष पहले जिन मेरे पूर्ववर्ती निदेशक के कसीदे पढ़ रहे थे···उनके जमाने में निर्धारित सीटों से सौ अधिक छात्र इसलिए भर्ती किए गए थे क्योंकि एक बड़े उद्योगपति और प्रशासन निकाय के अध्यक्ष के पोते का नाम उस सूची में सौवाँ था···उसी के बाद उक्त निदेशक की अस्थायी नियुक्ति स्थायी

हो गई थी···तब ये लोग कहाँ थे ? मुझे भी स्थायी पद चाहिए···अगर मंत्रालय के कहने पर मैंने भी उन सबको प्रवेश दे दिया···तो कौन-सा आसमान टूट पड़ा। एक जनता द्वारा चुनी गई सरकार पूँजीपति से तो बड़ी होती है। यह बात अलग है पूँजीपति व्यक्तिगत लाभ पहुँचाता है···सरकार को उसके द्वारा सामाजिक चेहरा बनाना पड़ता है···वैसे मंत्रालय ही हमें पैसा देता है···उसी के हाथ में हमारी नकेल है···आखिर यह संस्थान कोई टापू नहीं जो राष्ट्रीय नीतियों के प्रवाह से अछूता बना रहे।"

"जी मैं जाकर देखता हूँ···"

फिर हँसकर बोले, "लीजिए, अपने बारे में भी पढ़ते जाइए।" निकालकर एक चिट्ठी पकड़ा दी। विष्णु नारायण ने उसे डरते-डरते खोला। किसी रामकुमार के हस्ताक्षर थे। पता था 113/112 विराट नगर। उसने उसे पढ़ना शुरू किया। पत्र में लिखा था : विष्णु नारायण शुरू से आखिर तक तृतीय श्रेणी या पूरक परीक्षा में पास होता रहा है। उसकी पहुँच देश के उच्चतम राजनीतिक सर्किल में है। निदेशक और विष्णु नारायण एक ही जाति के हैं। वह उनकी पत्नी का दूर का रिश्तेदार है। पढ़ते-पढ़ते उसने निदेशक की ओर देखा। वे फाइल देख रहे थे। वह फिर पढ़ने लगा। वह अँग्रेजी बिल्कुल नहीं जानता और देश के इतने बड़े संस्थान के उच्चतम प्रशासकीय पद पर बैठाकर निदेशक ने इस संस्थान की मौत की घंटी बजा दी है। जैसा निदेशक है वैसा ही उनका प्रशासन अधिकारी। ये दोनों मिलकर संस्थान को खोखला कर देंगे···। निदेशक उसके राजनीतिक संबंधों का लाभ उठाकर अपने को स्थाई कराना चाहता है। जबकि इस संस्थान का अध्यापक वर्ग उसे फूटी आँख भी नहीं देखना चाहता···।

विष्णु नारायण ने चिट्ठी बीच में ही बंद कर दी और बोला, "सर, अभी मैं अपने पेरेंट डिपार्टमेंट से छुट्टी पर हूँ। अगर आप कहें तो वापस चला जाऊँ। इतनी गंदगी के बीच बने रहना मुश्किल होगा। आप भी मेरी कहाँ तक मदद करेंगे। मेरा बायोडाटा आपके पास है, आप देख लें···आपसे बेहतर कौन जान सकता है कि किसी ने आपसे मेरी नियुक्ति की सिफारिश की या नहीं···जहाँ तक आपकी मिसेज का सवाल है, मैं क्या कहूँ—मुझे तो यह भी नहीं मालूम कि आपकी जाति क्या है ?"

निदेशक महोदय जोर से हँसे, "आप एक इसी चिट्ठी से परेशान हो गए···मैं तो पता नहीं कब से क्या-क्या झेल रहा हूँ। कभी-कभी गुस्सा जरूर आता है पर चुप लगा जाता हूँ। मेरी दशा यहाँ कोई न समझता है, न समझना चाहता है। ···लोग तो यही समझते हैं कि इस कुर्सी पर बैठने के बाद मैं इंसान होने के अपने अधिकार से बेदखल हो गया। लेकिन इसके लिए यह तो नहीं हो सकता कि

मैं उनकी इस समझ को अपनी तरफ से सही कर दूँ और अपने-आपको हारा हुआ इंसान मान लूँ। यह लड़ाई मेरे और इन स्थानीय लोगों के बीच नहीं बल्कि और कहीं है। मैं तो मात्र एक ऐसे पक्ष का प्रतीक हूँ जिसको कि सामने नजर न आने-वाली एक बहुत बड़ी शक्ति रौंद डालना चाहती है···अगर आप मेरे साथ रहना चाहें तो रहें···वरना मैं अकेला ही तब तक इस डेक पर खड़ा रहूँगा जब तक यह बढ़ती हुई आग मुझे ही न जला डाले।'' कहकर वे हँस दिए, ''लेकिन आप यह न समझें कि मैं कोई आदर्शवादी या परम समर्पित व्यक्ति हूँ—मैं भी अपनी अनगिनत कमजोरियों का पुतला हूँ। ···पर कभी ऐसे लोग भी चुनौती स्वीकार कर लेते हैं जिन्हें उस चुनौती से कुछ लेना-देना नहीं। मुझे तो लेना-देना भी है। क्योंकि मुझे यहाँ निदेशक बनाकर भेजा गया है···।''

विष्णु नारायण को दो बातें एक साथ महसूस हुईं। एक तो यह कि वह 'चंद्रकांता' के राजकुमार वीरेंद्र सिंह के सामने खड़ा है और दूसरी, इस तिलस्म में पाँव रखने के बाद अब लौट पाना उसके हाथ की बात नहीं। उसने धीरे से 'जी' कहा और उठ गया।

चलते-चलते उन्होंने उसे रोक कर कहा, ''शाम चार बजे कर्मचारी नेताओं से मीटिंग है। आप आ जाएँ और एक दूसरा नाटक भी देखें। चार बजे से कुछ पहले आ जाइएगा···''

''जी ! उसके लिए कागज-पत्तर तो नहीं निकलवाने।''

''वली उल्लाह के साथ जो कर्मचारियों का समझौता हुआ था उसे निकलवा लीजिए।''

''जी''

अपने-आप ही बोले, ''वह फाइल शायद प्रशासन निकाय की कार्यवाही में होगी। रामलखन बाबू से कह दीजिए···निकाल देंगे। वे आपके साथ सहयोग कर रहे हैं ना ? जरा होशियार रहिए।''

''सर, मैं तो ऐसा व्यक्ति हूँ जो सबको सहयोग भी देता है और लेने की कोशिश भी करता है। कोई न दे तो बात अलग है।''

''नारायण साहब, दुनिया बड़ी अजीब है···इस तरह काम नहीं चलेगा। जरूरत पड़े तो फाइट एंड फिक्स···मैं जब से आया तब से 'फाइट' तो कर रहा हूँ···फिक्स न मैं उन्हें कर सका न वे मुझे कर पाए।''

विष्णु नारायण हँस दिया।

बाहर निकला तो निदेशक का पी. ए. उसके पास आया। उसी का नाम लेकर

यहाँ पर लोग अफवाह फैलाते थे कि निदेशक उसके माध्यम से खाते हैं। वह धीरे से बोला, "सर, आपसे कुछ बात करनी है।"

वह विष्णु नारायण से आते-जाते नमस्कार तो करता था परंतु उसने बात पहली बार ही की थी। बोला, "मेरा नाम चंद्रकुमार है···साहब के साथ हूँ।"

"चाहे जब आ जाइए। आपके लिए मनाही थोड़े ही है।"

"साहब अभी क्लास लेने जाएँगे तो मैं आपकी तरफ आता हूँ।"

"डायरेक्टर साहब क्या क्लास भी लेते हैं ?"

"जी, हर तीसरे दिन एक पीरियड लेते हैं।···दरअसल मैकेनिक आर्ट्स का कोर्स कोई नहीं लेना चाहता था तो साहब ने कहा मैं ले लूँगा···"

"क्या बहुत कठिन कोर्स है ?"

"जी···साथ ही नीरस भी। साहब को इसमें विशेष महारत हासिल है।"

"ठीक है, तो आप आ जाइए।" वह चला गया।

लंच आवर में चंद्रकुमार ने दरवाजा खोलकर अंदर झाँका। उसने अंदर चले आने के लिए कहा। वह अंदर ऐसे घुसा जैसे चोरी करने घुस रहा हो। माथे पर थोड़ा पसीना भी था।

विष्णु नारायण के नजदीक आकर वह बोला, "सर, वैसे तो मैं प्रशासन का ही आदमी हूँ···सहायक प्रशासन अधिकारी···लेकिन साहब ने मुझे अपना पी. ए. बना लिया। साहब बहुत देवता आदमी हैं···लेकिन यहाँ का अध्यापक वर्ग उनके बहुत खिलाफ है। पहले कर्मचारी नहीं थे अब वे भी हो गए। हालाँकि साहब ने सारी लड़ाई उन्हीं की वजह से मोल ली। वली उल्लाह खाँ साहब, जो साहब को यहाँ लाए थे, अब चले गए। साहब अकेले पड़ गए। आप नए आदमी हैं इसलिए मैंने सोचा आपको बता दूँ। कभी ये लोग आपको भी तंग न करने लगें। आप तो अभी आए ही हैं। साहब में तो बहुत दमखम है वे झेल ले जाते हैं···हो सकता है आपको मुश्किल पड़े··· ।"

"मैं समझा नहीं।"

"मैंने अपने कानों से सुना था···डॉ. देसाई वगैरह यह कहते जा रहे थे कि जब हम लोग बात कर रहे थे तो प्रशासन अधिकारी क्यों आकर बैठा ? वह कौन होता है उच्च स्तरीय लोगों की बातों के समय उपस्थित रहनेवाला। क्या अपने-आपको डायरेक्टर का ज्यादा खैरख्वाह समझता है।···? हम देखेंगे वह यहाँ कैसे रहता है।"

"ठीक है कहने दो। मेरी कौन यहाँ सोने की कील गड़ी है। नहीं रखेंगे तो वापस चले जाएँगे।"

"नहीं सर, मेरा मतलब यह नहीं था…" हकलाकर बोला, "मेरा मतलब था कि आप एक बार डॉ. देसाई, डॉ. नवांश वगैरह से मिल लें…यही लोग यहाँ के अध्यापक वर्ग को नचाते हैं…हो सकता है कोई एडजस्टमेंट हो जाए। कहिए तो मैं बात करूँ !"

विष्णु नारायण ने एक सेकेंड को उसकी तरफ देखा, फिर कहा, "ठीक है …मैं सोचकर बताऊँगा। वैसे जहाँ तक मैं समझता हूँ मेरे साथ किसी का वैर-भाव क्यों होगा ? मुझे तो अपना काम करना है… ।"

चंद्र कुमार थोड़ी देर तो खड़ा रहा, फिर पाँव पटपटाता हुआ चला गया। उसके जाने के बाद विष्णु नारायण काफी देर तक खामोश बैठा रहा। उसकी समझ में नहीं आ रहा था कि आखिर इन सब लोगों में कौन कहाँ खड़ा है। सब एक-दूसरे की जगह खड़े नजर आते हैं।

वह काफी देर तक उसी तरह बैठा खिड़की के बाहर देखता रहा। सामनेवाले मैदान में एक सूखा पेड़ था। उसका बहुत-सा हिस्सा लोग काट ले गए थे। जो बचा था वह पूरी तरह चिकना हो गया था और जमीन पर पड़ा था। लगता था कोई शेर किसी पर लपक रहा है। उसका बीच का हिस्सा लंबा और सुता हुआ था और आगे का हिस्सा कुछ ऐसा ढल गया था जैसे बबर शेर की गर्दन का अयालवाला हिस्सा हो। जब भी उसकी नजर उस पर जाती थी तो उसे लगता था कि कहीं वह इसी मुद्रा में इस संस्थान की ओर न मुड़ जाए। कई बार उस पर कर्मचारी लोग ऐसे सज जाते थे जैसे किसी लंबी डाल पर थोड़े-थोड़े फासले पर बंदर बैठ जाते हैं। कभी कोई बैठा नहीं होता था तो चिड़ियाँ आ बैठती थीं। गाती जाती थीं और उसके मुहाने से अपनी चोंच रगड़-रगड़ कर पैनी करती थीं। कई बार उस शेरनुमा लकड़ी यानी लकड़ी के शेर के सहारे लोग अपनी साइकिलें टिका देते और उसी पर बैठकर चुन्हैटी खाते थे। तब वह शेर न रहकर पटरा हो जाता था। ऐसे दृश्य उसे दिन में कई बार देखने को मिलते थे। इस समय लकड़ी के उस कुंदे के पास दो लड़कियाँ खड़ी बात कर रही थीं। एक का हाथ उसके सिर पर टिका था। दूसरी ने उसकी पीठ पर पैर जमाया हुआ था। वह पालतू बन गया था। लड़कियों के हटते ही लकड़ी का वह शेर फिर खूँखार और लपकता हुआ मालूम पड़ने लगा। थोड़े से ही दिनों में उसे वह खूँट तरह-तरह की शक्लें बनाकर आकर्षित करने लगी थी। कई बार तो उसे भय लगने लगता था कि कहीं किसी दिन वह लकड़ी का शेर खूँखार न हो उठे और सबसे पहले उसे ही अपना शिकार बनाने के लिए न झपट पड़े।

उसने बचपन में नल-दमयंती की कहानी सुनी थी। जब वक्त खराब होता है

तो खूँटी तक जिंदा हो जाती है और गले का हार निगल जाती है—अगर कभी वक्त खराब हुआ और यह लकड़ी का शेर खूँटी की तरह जीवित होकर इधर ही घूम गया, हार की तरह निबटा दिया···? उसे अपनी बात पर हँसी आ गई। वह कुछ देर तक अकेला ही बैठा मुस्कराता रहा।

चार बजे कर्मचारी नेताओं से मीटिंग थी। निदेशक ने उसे पंद्रह मिनट पहले बुलाया था। वह कर्मचारियों और वली उल्लाह खाँ के बीच हुए समझौते की प्रति निकलवाकर साथ लेता गया था। निदेशक ने उसे ध्यान से पढ़ा। फिर बोले, "ये सब डींस उस समझौते के खिलाफ हैं। उनका कहना था कि वली उल्लाह खाँ साहब चूँकि लेफ्टिनेंट थे अतः उन्होंने इस संस्थान को बरबाद करने के लिए ही कर्मचारियों के साथ समझौता किया था। भला आप ही बताइए, मैं एक डायरेक्टर होकर प्रशासनिक निकाय के अध्यक्ष द्वारा किए गए समझौते को कैसे निरस्त कर सकता हूँ ? जबकि निकाय भी इसे अपनी मंजूरी दे चुका है। इन लोगों के दो प्रतिनिधि भी तो निकाय के सदस्य होते हैं। वे भी तो वहाँ उपस्थित थे। उन्होंने अपनी असहमति क्यों नहीं लिखाई। अब मेरे ऊपर दबाव डालते हैं कि मैं इसे लागू न करूँ। नहीं तो ये मेरी खिलाफत करेंगे।"

"आपने यह बात उन लोगों को बताई ?"

"आप क्या समझते हैं वे लोग नहीं जानते ? वली उल्लाह खाँ साहब इन सबको निकाय की बैठक में बुलाया करते थे। यहाँ तक कि कर्मचारियों और छात्रों के प्रतिनिधियों तक को। जबकि ऐसा कहीं नहीं होता। सबको छूट थी, हर कोई अपनी राय बेझिझक होकर दे सकता था। इन सब बातों से उन सब लोगों की अभिजात्यता को चोट पहुँचती थी···एक-एक लोग उनके खिलाफ थे। यही वजह है कि उनके किए हुए को अनकिया करना चाहते हैं। माध्यम मुझे बना रहे हैं।" रुककर बोले, "मैंने उन लोगों को भी बुलाया है। मैं चाहता हूँ, जो कुछ कहना है—दोनों वर्ग एक-दूसरे के सामने कहें···एक-दूसरे को अच्छी तरह समझ लें।"

तब तक तीनों डीन आ गए। डॉ. देसाई बाद में आए। सबसे पहले डॉ. नवांश आए फिर कुट्टी साहब। विष्णु नारायण की डॉ. कुट्टी से भी उसी दिन भेंट हुई थी जिस दिन उसने ज्वाइन किया था। वे उसे बहुत ही शांत व्यक्ति लगे। हालाँकि लोग कहते थे कि वे सियासत में आकंठ डूबे हैं। वे ज्यादातर अपने विभाग के केमिकल इंजीनियरिंग वाले कमरे में ही बैठते थे। डीन ऑफिस में केवल घंटे भर के लिए जाते थे। ज्यादा काम हुआ तो डेढ़ घंटा बैठ गए। शक्ल से भी शालीन मालूम पड़ते थे। डॉ. देसाई भौतिकशास्त्र विभाग में थे। परंतु उनकी ज्यादातर बैठक

नंबर वन डीन के ऑफिस में होती थी। इसी तरह डॉ. नवांश का था। वे भी सिविल इंजीनियरिंग विभाग में कम जाते थे। सिर्फ अपनी डाक चेक करने। संस्थान में यह एक खास बात थी। विदेशों में रहने के कारण अपना काम अपने-आप करने की आदत पड़ गई थी। यह नहीं कि चपरासी बाबू भेज दिया और अपने-आप कमरे में जमे बैठे रहे। विष्णु नारायण वगैरह जो लोग विदेश नहीं गए थे उन्हें अपने काम के लिए स्टाफ पर निर्भर करना पड़ता था। जबकि वे लोग बाबुओं की मेज पर भी चले जाते थे। टाइपिस्ट के पास बैठकर टाइप करा लेते थे। यह बात विष्णु नारायण जैसे लोगों को अजीब लगती थी। वे इसे अपने-आपको छोटा बनाना या नीचे गिराना समझते थे।

जब वे लोग बैठ गए तो निदेशक ने समझौते की प्रति उनकी तरफ बढ़ाते हुए कहा, ''ये समझौता प्रशासकीय निकाय के तत्कालीन अध्यक्ष और निकाय के प्रतिनिधियों के बीच हुआ है। प्रशासनिक निकाय इस पर अपनी मोहर भी लगा चुका है···आप लोगों के चुनिंदा प्रतिनिधियों का इस बारे में कोई विरोध भी रिकार्ड नहीं। आप सब कहते हैं कि मैं इसे लागू न करूँ···मेरे पास ऐसी कौन-सी ताकत है जिसके आधार पर मैं निकाय के निर्णय को नजरअंदाज कर सकूँ?''

डॉ. नवांश कुर्सी पर सँभलकर बैठते हुए बोले, ''अगर आप कहें तो मैं आपको ऐसे दो सौ आइटमों की लिस्ट दे सकता हूँ जिन्हें निकाय ने लागू करने के निर्देश दिए···लेकिन उन्हें लागू नहीं किया गया। क्योंकि प्रशासन नहीं चाहता था।''

''ये सब मेरे जमाने के पहले के मामले हैं।''

''आपके जमाने में लिए गए उन सब निर्णयों की सूची भी हमारे पास है जिसे निकाय द्वारा पास किए जाने के बावजूद रद्दी की टोकरी में फेंक दिया गया।'' डॉ. देसाई तत्काल बोले।

''आप यह क्यों नहीं समझते कि यह एक मानवीय समस्या है। इस समझौते से संस्थान के तीन हजार कर्मचारियों का हित जुड़ा है। वे हरगिज चैन से नहीं बैठने देंगे।''

''दो हजार कर्मचारी ज्यादा से ज्यादा पंद्रह-बीस साल में रिटायर होकर चले जाएँगे। लेकिन वली उल्लाह खाँ के द्वारा किए गए समझौते को लागू करके आप आनेवाले सैकड़ों सालों के लिए इस संस्थान के भविष्य को इन अधपढ़े और मूर्खों के हाथ में दे देंगे। हम इस निर्णय में भागीदार नहीं होंगे।''

''आप भागीदार हैं···आपके द्वारा चुने गए दो प्रतिनिधियों ने इसे मंजूरी दी है।''

''वह मंजूरी उसी तरह दी गई होगी जैसे आप हमें समझौते में लागू करने के

लिए हिस्सेदार बना रहे हैं।"

नवांश की इस बात से निदेशक को थोड़ी चोट पहुँची। उन्होंने अपने को संयत रखते हुए कहा, "मैंने आप तीनों को इसलिए बुलाया है कि जिससे इस बातचीत में आप भी शरीक हों। ...बिना रोक-टोक के तबादले-खयालात करें...उन्हें अपना नजरिया समझाएँ।"

डॉ. देसाई बोले, "यह काम प्रशासन का है...हमसे क्या मतलब..."

"क्या आप प्रशासन का हिस्सा नहीं ?"

"इसलिए नहीं...कि इन मूर्खों के साथ सिर फोड़ें।"

कुट्टी ने बीच में पड़ते हुए कहा, "ठीक है, इस काम में हमें भी निदेशक की जो मदद कर सकें, करनी चाहिए।"

नवांश ने दबी जबान से कहा, "मदद लेना कौन चाहता है..."

इस बीच दो बार बजर देकर उनका पी. ए. बता चुका था कि कर्मचारियों के प्रतिनिधि आ गए हैं। तीसरी बार उसे खुद आना पड़ा। आकर बोला, "सर, वे लोग कह रहे हैं कि हम इस तरह घंटों इंतजार नहीं कर सकते। सारी रणनीति इसी समय बननी है तो हम जाते हैं।"

डॉ. देसाई ने पूछा, "कितने लोग हैं ?"

"पूरी कार्यकारिणी है। करीब दस-पंद्रह।"

"हम सिर्फ पदाधिकारियों से मिलेंगे—कल वे जी. बी. एम. लेकर आ जाएँ तो क्या आप समझते हैं हम उन सब को यहाँ बात करने के लिए बुला लेंगे ?" नवांश तड़ककर बोले।

निदेशक ने विष्णु नारायण से कहा, "आप जरा चले जाइए...उनसे कहिए कि वे अपने पदाधिकारी ही भेजें।"

विष्णु नारायण के मन में पहले तो झिझक हुई पर तत्काल उठकर बाहर चला गया। कर्मचारी नेताओं से उसकी वह पहली मुठभेड़ थी। उसे यही लग रहा था कि पता नहीं वे लोग उससे किस प्रकार बात करें...करें भी या नहीं।

जाकर उसने सबसे पहले अपना परिचय दिया। वे लोग उठकर खड़े हो गए। सबसे हाथ मिलाया। फिर उनका परिचय पूछा। डॉ. अनंग संघ के अध्यक्ष थे। उनसे हाथ मिलाते हुए कहा, "डॉक्टर साहब, जब से आया हूँ आपका नाम अक्सर सुनने में आ रहा है। आपसे मिलकर बहुत खुशी हुई...।"

डॉ. अनंग ने हँसकर कहा, "ऐसा मत कहिए...लोग यह सुन लेंगे कि आपको हमसे मिलकर खुशी हुई तो आप मुसीबत में पड़ जाएँगे। आपको ख़ुशी हो या न

हो, आपको रहना तो दूसरे ही पाले में है···यह हमारे मुल्क का कितना बड़ा दुर्भाग्य है कि प्रशासन-अधिकारियों और कर्मचारियों को काम के लिहाज से साथ रहना है, पर सबके पाले अलग-अलग हैं···दोनों एक-दूसरे को देखकर खुश नहीं हो सकते···न चाहते हुए भी सबको अपने-आपको एक-दूसरे से नाराज रखना पड़ता है।''

सब लोग हँस दिए। विष्णु नारायण ने हँसते हुए कहा, ''नहीं, आप मुझे इस बंदिश से निकाल दें···अगर मैं अंदर से खुश हूँगा तो खुश ही दिखाई पड़ूँगा। आप भी खुश हों तो नाराज दीखने की कोशिश न करें।''

कार्यकारिणी का सचिव मिश्रा बोला, ''चलिए, ऐसा ही सही, आप अभी ऐसा कह रहे हैं···कुछ ही दिनों में ये सब नीलहे आपको भी नील के तालाब में गोता लगवाकर अपने जैसा बना लेंगे। खैर, यह बताइए, अंदर रणनीति तैयार हो गई या नहीं ? हम रहें या जाएँ ?''

''मैं आपको लेने ही आया हूँ···मेरा आपसे निवेदन है कि केवल पदाधिकारी ही चलें···कार्यकारिणी के सदस्य फिलहाल बाहर इंतजार करें।''

''हुई न वही बात !''

''नहीं, ऐसा नहीं··· आप मेरे इस प्रस्ताव को मान लें। मैं यह नहीं चाहता कि बात शुरू हुए बिना ही टूट जाए।''

''नहीं, ऐसा नहीं हो सकता। जाएँगे तो हम सभी जाएँगे। नहीं तो नहीं होगी।''

विष्णु नारायण थोड़ा-सा विचलित हुआ फिर तुरंत सँभलकर बोला, ''आप ऐसा क्यों सोचते हैं···मैं अभी न उनकी तरफ हूँ, न आपकी तरफ। एकदम नया आदमी हूँ। मेरा आपसे यही आग्रह है कि आप अंदर चलकर इस मुद्दे पर भी बात कर लें···आपको लगे कि बिना सब लोगों की उपस्थिति के बात नहीं हो सकती तो आप वैसा ही निर्णय ले लें। मेरी सलाह है कि आप बाहर से ही न लौटें···सफल वार्ता करनेवाले वही होते हैं जो बात करने के मौके को नहीं ठुकराते।''

उनमें से दो-तीन लोग बोले, ''ठीक है, साहब की बात मान लीजिए।''

मिश्रा ने कहा, ''आप चलिए, हम सलाह करके खबर भेज देंगे।''

वे सब लोग स्वागत कक्ष से निकलकर बाहर चले गए। विष्णु नारायण एक मिनट खड़ा रहा फिर अंदर चला गया। अंदर घुसते हुए तीनों में से किसी एक को कहते हुए सुना, ''मुझे तो यह इनेशियेटिव-लेंस आदमी मालूम पड़ता है···आनेवाले बीस वर्षों के लिए इस संस्थान की किस्मत सील कर दी गई···'' बात अधबीच में टूट गई। उसने एक क्षण के लिए सोचा—कहनेवालों में से कहीं डॉ. नवांश ही तो नहीं है। वह हल्का-सा हतप्रभ हुआ। फिर सोचा, शायद यह बात किसी और के

लिए कही गई हो। नया आदमी न सुनी हुई बात भी अपने ऊपर ही लागू करना शुरू कर देता है।

नवांश ने ही उससे पूछा, "कहिए मि. विष्णु नारायण, क्या हुआ...समझा नहीं पाए ना !"

"आपस में सलाह करके बताएँगे।"

"मना करने से पहले वे सलाह ही किया करते हैं।" कहकर हँस दिया।

उनके इस तरह हँसने से विष्णु नारायण को थोड़ा-सा धक्का लगा। वह बोला, "मैं तो समझता हूँ उन्हें मान लेना चाहिए।"

डॉ. देसाई ने हँसकर व्यंग्य किया, "हाँ, उन पर आपका कोई खास असर हो तो बात दूसरी है।"

"जी मैं तो उन्हें..." निदेशक ने बीच ही में इशारे से ही रोक दिया।

तभी पी. ए. ने आकर बताया, "वे लोग बात करने आना चाहते हैं।..."

निदेशक के चेहरे पर हल्की-सी प्रसन्नता दिखाई पड़ी। डॉ. नवांश और डॉ. देसाई ने मुँह बिचकाकर कंधे मचका लिए। कुट्टी ने हँसकर कहा, "मि. नारायण, बधाई...योर फार्मूला हैज वर्क्ड।"

"ठीक है, बुला लाओ।"

सब लोग सामने सोफे पर जा बैठे। पाँचों पदाधिकारी अंदर आ गए। केवल एक सोफा खाली था। उस पर पाँच लोग नहीं आ सकते थे। उन्होंने इधर-उधर देखा। देसाई ने कहा, "दो कुर्सियाँ घसीट लीजिए।"

डॉ. अनंग ने बड़ी शाइस्तगी से अँग्रेजी में कहा, "आपने मीटिंग बुलाई है...बैठने के लिए कुर्सियाँ तो होनी चाहिए थीं ?"

विष्णु नारायण ने लपककर दो कुर्सियाँ घसीट लीं, "माफ कीजिए...यह मेरी भूल है।"

डॉ. अनंग ने कहा, "नहीं, कोई बात नहीं...हम तो कर्मचारियों के प्रतिनिधि हैं...दूसरों के लिए कुर्सियाँ ढोनी ही पड़ती हैं...क्या अपने लिए नहीं ढो सकते।"

निदेशक तो हँसकर टाल गए। बाकी लोगों को उनका यह वाक्य अच्छा नहीं लगा। उन्होंने दूसरी तरफ मुँह फेर लिया। कुट्टी की गर्दन अवश्य थोड़ी नीची थी।

कार्यकारिणी के महामंत्री ने बात शुरू की, "अगर आपको एतराज न हो तो हम अपने पाँच साथियों को भी बुला लें। हमारी जी. बी. एम. ने तय किया था कि कार्यकारिणी के दस सदस्यों में से कम-से-कम पाँच सदस्य इस बातचीत में अवश्य शामिल होंगे।"

निदेशक ने हँसकर कहा, "आप देख ही रहे हैं⋯कुर्सियाँ तक नहीं मिलीं। अभी आप लोग बातचीत शुरू करें। अगर जरूरत महसूस हो तो बीच में जाकर उनसे सलाह-मशविरा कर लिया करें। बातचीत को इस जरा-सी बात के लिए भंग न करें।"

डॉ. अनंग ने कहा, "ठीक है, आज तो हम बात आरंभ करते हैं, लेकिन आगे से हमारे शेष पाँचों साथी भी बातचीत में शरीक होंगे।"

"बात तो शुरू कीजिए⋯बाद की बात बाद में तय कर ली जाएगी।"

मिश्रा तपाक से बोले, "नहीं, हमने अपनी तरफ से स्थिति स्पष्ट कर दी है। आज तो हम नए प्रशासन अधिकारी की बात रखने के लिए चले आए।"

देसाई और नवांश ने एक-दूसरे की तरफ देखा। कुट्टी सबको देख रहे थे और मुस्करा रहे थे। बोले, "चलो, किसी की वजह से सही⋯बात तो शुरू हो।"

उन दोनों के चेहरे से लगा कि पता नहीं यह कुट्टी आज इतना क्यों बोल रहा है।

निदेशक ने पूछा, "बताइए किस मुद्दे पर बात की जाए ?"

सबने डॉ. अनंग की तरफ देखा। डॉ. अनंग ने कहा, "देखिए निदेशक महोदय, बातें तो हम कई बार कर चुके। शायद जब से आप आए, यह आठवीं बार बात हो रही है। मुझे लगता है कि आप चाहते हुए भी स्वतंत्र निर्णय लेने के लिए आजाद नहीं हैं। वरना इन बातों की जरूरत ही न पड़ती। वली उल्लाह खाँ और हमारे बीच जो समझौता हुआ और जिसको आपके प्रशासनिक-निकाय तक ने मंजूरी दे दी⋯उस पर आप किस अधिकार से पलौथी लगाकर जमे हुए हैं। वह पद्मासन लगाकर बैठने की वस्तु नहीं। न वह आपकी घुमंतू कुर्सी है। वह एक दस्तावेज है। हमारे अधिकारों का दस्तावेज इस संस्थान की उच्चतम बॉडी से पास हो जाने के बाद आपके पास कोई दूसरा रास्ता नहीं⋯ आप उसे लागू करें।"

निदेशक ने गंभीरता के साथ सोचते हुए कहा, "आप जो कह रहे हैं उससे मुझे कोई नाइत्तफाकी नहीं⋯ ।" देसाई कुट्टी बराबर में थे। उन्होंने कुट्टी की कोहनी से ठोहका लगाया—बोलता क्यों नहीं। तब तक डायरेक्टर ने अपनी बात आगे बढ़ा दी, "अगर प्रशासन कुछ मुद्दों पर आपसे बात करके कुछ सुधार या परिवर्तन चाहता है तो मैं समझता हूँ कि आपको इसमें कोई आपत्ति नहीं होनी चाहिए। आखिर उस दस्तावेज को व्यावहारिकता से अलग करके तो नहीं देखा जा सकता। इस पंक्ष को हमें और आपको मिलकर सुलझाना होगा।"

चेहरे से गुस्सैल लगनेवाले गुप्ताजी ने कहा, "हमारी कोई कठिनाई नहीं⋯ आप चाहते हैं कि किसी तरह हम लोगों को झुकाकर इस समझौते को रद्दी की टोकरी में फेंक दें और अपने इन साथियों में नाम कमा लें⋯आपके साथ बैठे इन विदेशी

एजेंटों को यह मसौदा इसलिए नहीं सुहाता कि कहीं ये जमीन पर टट्टी फिरनेवाले लोग हवा में न पोकने लगें···हम लोगों की बराबरी न करने लगें। अरे साहब, इन्हें बता दीजिए, हम चाहे जो भी कर लें पर इनकी तरह हवा में तो हम सात जिंदगी नहीं उड़ पाएँगे···''

डॉ. नवांश तपाक से अँग्रेजी में बोले, ''मि. डायरेक्टर···आप इन लोगों को असंसदीय भाषा बोलने का इस्तेमाल करने से रोकें। इस तरह की बातचीत में हम हिस्सा लेने के लिए कतई तैयार नहीं।''

गुप्ताजी फिर बोले, ''देखिए साहब, मैं ज्वाइंट सेक्रेटरी हूँ···मुझे अपनी बात कहने का पूरा अधिकार है। आप हिस्सा लें या न लें···''

चौथा व्यक्ति शायद कोषाध्यक्ष था, वह बोला, ''हमारे पाँच साथी बाहर रह गए···आपके भी एक-दो चले जाएँगे तो क्या फर्क पड़ जाएगा।''

पदाधिकारी हँस दिए। हँसे कुट्टी भी, परंतु अपने साथियों को देखकर तुरंत खामोश हो गए। निदेशक ने अपनी मुस्कराहट जबरदस्ती रोकी। विष्णु नारायण यथावत् मुस्कराता रहा। लेकिन वे दोनों काफी तनाव में थे।

निदेशक ने कहा, ''देखिए, हम लोग एसेसमेंट के द्वारा लगभग सौ कर्मचारियों को अगला वेतन-क्रम दे चुके हैं···अतः आपका यह कहना गलत है कि हम इस समझौते को रद्दी की टोकरी में फेंक देना चाहते हैं···आप चाहते हैं कि उन सबको भी हम अगला वेतन क्रम दें जो 1 अप्रैल, 1970 को छह वर्ष पूरे कर चुके···चाहे उनकी चरित्र-पंजिकाएँ कैसी ही क्यों न हों···ऐसे कर्मचारियों की छह सौ पच्चीस की सूची है···मंत्रालय इस बात के लिए बिल्कुल तैयार नहीं। जिनको हम दे चुके हैं उनके भी आदेश निरस्त करने के लिए दबाव डाला जा रहा है।''

''यह बात आपके और मंत्रालय के बीच की है। हमारा समझौता प्रशासन के साथ हुआ है। समझौता सब नियमों-अधिनियमों के ऊपर होता है। हमारे लिए उससे फिरने का मतलब है अपने दो हजार सदस्यों को धोखा देना। वह हम नहीं करेंगे। जरूरत पड़ी तो उसके लिए संघर्ष करेंगे···''

मिश्रा की बात को बीच में ही काटकर डॉ. अनंग ने कहा, ''आप सिद्धांत को समझने की कोशिश कीजिए··· ।''

पहली बार डॉ. देसाई ने हस्तक्षेप किया, ''देखिए, एक बात साफ तौर से समझ लीजिए। जब तक आपके कर्मचारी जो पाते हैं उसका अपने काम के द्वारा जस्टीफिकेशन नहीं करेंगे तब तक उन्हें कुछ नहीं मिलेगा। आपका माली वर्ग क्या करता है ? तलवार लेकर सवेरे से शाम तक घास काटता रहता है···हाथ ऐसे चलता

है जैसे जान ही न हो…डेढ़ सौ मालियों की फौज चाहती तो इस संस्थान को चमन बना देती…आपके टेक्नीशियंस छात्रों के प्रोजेक्ट वर्क तक को पूरा करने के अतिरिक्त पैसा माँगते हैं…जबकि उन्हीं के कारण यहाँ हम सबको नौकरी मिली हुई है। विदेशों में हर शिक्षा संस्थान के प्रत्येक कर्मचारी के लिए छात्रों का काम उसकी प्रथम वरीयता होता है।"

मिश्रा ने फिर बोलना चाहा तो डॉ. अनंग ने रोक दिया, "प्रो. देसाई, इत्तफाक है कि आप लोग मेज के उधर बैठे हैं और मैं इधर…लेकिन आप विदेश का उदाहरण न दें। आप जानते हैं कि मेरी सारी स्नातकोत्तर और पी-एच. डी. की शिक्षा विदेशों में हुई है…आप यह भी जानते हैं कि मेरे गाइड अपने क्षेत्र के प्रथम पंक्ति में आने वाले वैज्ञानिक हैं। वे मुझे आज भी बुलाते हैं…क्योंकि मेरी प्राथमिकताएँ वे नहीं जो औरों की हैं, इसलिए मैं नहीं जा पाता। मेरी प्राथमिकता मेरे ये सब लोग हैं। आप तो जानते हैं कि वहाँ जाकर हम लोग अपनी लैब की जरूरत का सामान अपने-आप ट्रालियों पर रखकर घसीटते हैं। …यहाँ आपको टेलीफोन तक उठाने के लिए एक अटेंडेंट चाहिए। दरअसल आप जब तक काम के स्तरों का वेतन के संदर्भ में मानकीकरण नहीं करेंगे तब तक आपको यह कहने का कोई अधिकार नहीं कि एक छोटा कर्मचारी काम नहीं करता और आप करते हैं…मैं भी विज्ञान का छात्र रहा हूँ, मुझे तो नजर नहीं आता कि हमने अपने काम के द्वारा देश की उन आकांक्षाओं को लेश मात्र भी पूरा किया हो जिनके लिए ये संस्थान खोले गए थे…सच पूछिए तो इन संस्थानों ने विज्ञान और प्रौद्योगिकी के क्षेत्र में काम करनेवालों को नौकरशाह बना दिया…वैज्ञानिक वही होता है जिसे अपने देश की वैज्ञानिक आकांक्षाओं का पता हो…वह नहीं होता, जो दुनिया में अगर कुछ किया जा चुका है…तो अपनी लैबों, कमरों में बंद होकर…अपने को वैज्ञानिक सिद्ध करने के लिए उसकी पुनरावृत्ति करते रहें। वह टेक्नीशियन होता है…इसलिए अपने-आप शीशे के घर में बैठकर दूसरों पर पत्थर फेंकने से आपको कोई लाभ नहीं। पत्थर भी लौट सकता है और दूसरे के घर टूटा हुआ काँच का टुकड़ा भी खून बहाने का कारण बन सकता है।"

नवांश फौरन बोले, "यह आप कह रहे हैं डॉ. अनंग,…आप भूल गए जब आपको बर्खास्त किया गया था तब हम सब लोग आपके पीछे थे…वरना आप सड़कों पर होते। आज इन लोगों के साथ मिलकर इस महान् संस्थान को बरबाद करना चाहते हैं ?"

"अगर मैं बर्खास्त न किया गया होता तो जिंदगी की वास्तविकता का पता न चलता। आप लोग मेरे पीछे उसी तरह थे जैसे हिंसक जानवर की गंध पाकर

भेड़ें आत्मसुरक्षा में एक-दूसरे से चिपक जाती हैं कि कहीं मेरा नंबर न आ जाए। लेकिन जब मैंने कहा था कि प्रशासन पर दबाव डालने के लिए आप लोग क्लासेस का बॉयकाट करें तो शायद आपने ही उसे एक दार्शनिक और सैद्धांतिक प्रश्न बनाकर प्रस्तुत किया था···क्लास छोड़कर संघर्ष करने की बात सोचते ही हम अपनी लड़ाई नैतिक रूप से हार जाएँगे। क्योंकि तब हम अपने उन छात्रों को धोखा देंगे जिनके प्रति हम प्रतिबद्ध हैं···! आपको स्मरण होगा, तब मैंने उठकर आप सबको उस उत्तरदायित्व से मुक्त कर दिया था···कि अपनी लड़ाई मैं अब खुद लड़ूँगा। मैं सिर्फ यही देखना चाहता था कि अन्याय के विरोध में कब तक खड़े रह सकते हैं और कहाँ तक जा सकते हैं। मुझे अपनी लड़ाई के लिए अपने उपकरण तैयार करने पड़े। अगर न करता तो हो सकता था कि आपकी मध्यमवर्गीय अभिजात्यता तथा नैतिक मानदंड मेरी और मेरे परिवार की बलि ले लेते। खैर, छोड़िए इन बातों को··· । आपने जिक्र किया तो मुझे कहना पड़ा···वरना तो मैं भूल चुका था। अब मैं अपनी बात पर आता हूँ। निदेशक महोदय, अगर आप समझौते की शर्तों को मानने के लिए तैयार हैं तो बात आगे बढ़ सकती है वरना न तो आपको अपना समय खराब करना चाहिए और न तो हमें।"

गुप्ता बोले, "डॉ. साहब की बर्खास्तगी के बारे में बात उठाकर आपने अपना छोटापन दिखाया है। डॉ. देसाई ! आप शायद नहीं जानते कि डॉ. साहब उन लोगों में हैं···अगर निकाल भी दिए गए होते तो भी उनके लिए नौकरी की कमी नहीं थी···न यहाँ न विदेश में। अगर आप लोगों में से किसी को वह दिन देखना पड़ा तो मूँगफली भी नहीं बेच पाओगे। कुछ लोग काम का खाते हैं। कुछ लोग भाग्य का···आप लोग भाग्य का खानेवालों मे हैं··· ।"

डॉ. देसाई खिसिया गए।

डॉ. अनंग ने उसे बीच ही में रोक दिया और बोले, "इन बातों में क्या रखा है। निदेशक महोदय, जिन सौ लोगों को आपने नए वेतनमान दिए—उनमें भी बहुत-सी भूलें या कहिए एनामलीज़ हैं—ऐसे कई लोग छूट गए हैं जिनको वह लाभ मिलना चाहिए था और नहीं मिला—तथा आपके अधिकारियों ने उन्हें एक दिन के फर्क के कारण उस सूची से ही निकाल दिया। 1 अप्रैल को अगले वेतन-क्रम के लिए हकदार होने के बजाय यदि कोई आदमी दो अप्रैल की सवेरे उस शर्त को पूरा करता है—या रिकार्ड में गलत चढ़ा है—उसे नए वेतनमान के लिए अयोग्य करार दे दिया गया है—ऐसा जेन्विन भूल के कारण भी हुआ है और व्यक्तिगत कारणों से भी—"

डॉ नवांश बोले, "अगर कोई 1 अप्रैल को पैदा नहीं होता और 2 अप्रैल को

होता है तो प्रशासन उसको एक दिन पहले कैसे पैदा कर देगा–"

"जब आप लोगों का वेतन संबंधी भूल-सुधार किया गया था तो हमें मालूम है कि एक भूल को न सुधारकर, दूसरी भूल की गई और फिर तीसरी भूल की गई। उदाहरण के लिए प्रो. रेड्डी की तनख्वाह में एक वेतनवृद्धि लगा दी गई। उस पर आपने ही प्रत्यावेदन किया, जो आपको उसी आधार पर डेढ़ वेतनवृद्धि दे दी गई, क्योंकि आप उनसे सीनियर थे–एक ही वर्ग में सीनियर, जूनियर से कम तनख्वाह नहीं पा सकता–उसके बाद प्रोफेसर कुट्टी को वेतनवृद्धियाँ देनी पड़ीं–यह समस्या मेथमेटिकल नहीं, मानवीय है। उसको मानवीय दृष्टिकोण से सुलझाया जा सकता है। तर्क-कुतर्क से तो बात बिगड़ेगी ही–।"

निदेशक ने कहा, "ठीक है, ऐसे सब मामलों की सूची आप प्रशासन-अधिकारी को दे दीजिए। सूची के साथ प्रत्येक मामले का तथ्यात्मक ब्यौरा भी हो तो ठीक रहेगा–देख लिया जाएगा।"

डॉ. अनंग ने महामंत्री से कहा, "नोट कीजिए–मिनिट्स में डाल दीजिए।"

डॉ. नवांश तुरंत बोले, "ये सब नोट-वोट क्या कर रहे हैं–जबान भी कोई चीज होती है।"

"जी, अगर जबान का मतलब जबान हो तो–"

"क्या मतलब ?"

"यह कर्मचारियों की रोजी-रोटी का मामला है–आप लोगों की कॉकटेल पार्टी का नहीं।"

नवांश उठे और चल दिए, "बहुत हो चुका, इससे ज्यादा बर्दाश्त नहीं किया जा सकता।" बाकी लोगों से कहा, "आप बैठना चाहें बैठें–कम-से-कम ऐसे माहौल में मैं नहीं बैठ सकता–उफ घृणित।"

डॉ. अनंग ने कहा, "तो हम लोग भी चलें ?"

निदेशक ने कहा, "बैठिए, हम लोग बात किए लेते हैं।"

महासचिव बोला, "देखिए साहब, हमें कोई बात-वात नहीं करनी। आपको समझौता लागू करना हो करें वरना हम इस लड़ाई को संस्थान की सड़कों पर लड़ेंगे और जरूरत पड़ी तो दिल्ली ले जाएँगे। हम जानते हैं इस मुद्दे पर निर्णय लेना आपके बस की बात नहीं–"

एक पदाधिकारी जो अब तक चुप बैठा था, उचककर हकलाता हुआ बोला, "आ आऽऽ, क्या कै ऽत्ते हैं–निर्णय तो–तो–लि लि–लिया जा–चुका है। इन्हें तो ल ल ला–लागू करना है।"

डॉ. अनंग ने बड़ी शाइस्तगी के साथ निदेशक से कहा, "हम आपकी परेशानी समझते हैं—आपको भी स्थायी होना है। चूँकि जितने ऊँचे पद पर आदमी पहुँच जाता है—उतना अकेला होता जाता है—लोग साथ भी देते हैं—जबानी,—इसलिए उसे अपने उपकरण वैसे ही ढालने पड़ते हैं ! आपकी भी वही माँग है जो हम लोगों की थी—स्थायित्व और पदोन्नति—पर इतना समझ लीजिए कि इन सब लोगों की जड़ें पाताल में हैं और सिर आसमान में—स्वाभाविक है कि आप इनसे डरेंगे। कहीं ये लोग आपको खींचकर इस कुर्सी से अलग न कर दें—हालाँकि इन लोगों में उतनी ताकत नहीं है—न हो सकती है—जिन लोगों में होती है, उनको आप महत्त्व नहीं देना चाहते—खैर, आप पहले अपनी नौकरी पक्की कर लें।"

विष्णु नारायण ने डॉ. अनंग को टोककर कुछ कहना चाहा तभी ज्वाइंट सेक्रेटरी गुप्ता बोले, "डेलीवेज वाले के तो सभी माई-बाप होते हैं—चाहे वह मजदूर हो या डायरेक्टर।"

विष्णु नारायण मौका मिलते ही बोला, "आप क्या समझते हैं—इस तरह की बातों से समस्या का कोई हल निकल जाएगा ? मैंने सुना है, जितना कुछ हुआ है वह निदेशक महोदय की ही कोशिश से हुआ है—"

"आप नहीं जानते, आप नए हैं—वैसे भी आपको तो निदेशक की शान में कुछ-न-कुछ कहना ही है। वह इसलिए हुआ क्योंकि हमने इन सब महानुभावों का हवा, पानी, बिजली बंद कर दिया था। फिर कर देंगे, फिर हो जाएगा। आप जानते हैं कि अगर अमेरिका में घंटे-भर के लिए बिजली चली जाए तो उस देश के आधे से ज्यादा लोग प्राण छोड़ दें। यहाँ लोग ए. सी. के बिना भी जी लेते हैं। ये लोग भी उन्हीं के भाई-बंधु हैं। बस, फर्क मुल्कों और उनके हालात का है।"

डॉ. अनंग ठीक उसी प्रकार हँसे जैसे कोई बुजुर्ग बच्चों की शैतानी-भरी बात सुनकर हँसता है।

निदेशक चुप थे। जब वे चलने लगे तो बोले, "मैं समझता था कि आप अपने-पराए को पहचानते हैं—मौके की नजाकत को समझते हैं—लेकिन मुझे लगता है कि आप अपनी ताकत के गुमान में आँखें बंद कर चुके हैं—स्वार्थों का गठबंधन न तो ज्यादा दिन चलता है और न उस वक्त टिक पाता है जब संघर्ष गहराता है। आप जाना चाहें जाएँ—मुझे गाली देकर आपको खुशी होती है तो दें—लेकिन अगर आप कुछ पा सकते हैं तो मुझसे ही पा सकते हैं।"

कोषाध्यक्ष ही सबसे पीछे था। तत्काल घूमा और बोला, "हमें पाना नहीं लेना है—जब लेने की बात आती है तो फिर लिया ही जाता है—"

सब बाहर निकल गए। निदेशक धम्म से कुर्सी पर बैठ गए। विष्णु नारायण खड़ा उन्हें चुपचाप देखता रहा।

थोड़ी देर बाद बोले, "आप भी जाइए। काफी देर हो गई—यहाँ कुछ नहीं होगा।" वे उठ गए।

बाहर निकले तो विष्णु नारायण भी पीछे-पीछे निकल आया।

विष्णु नारायण घर लौटा तो बहुत थका हुआ था। दीदी की तबीयत भी खराब थी। दोनों बेटियाँ सो गई थीं। बेटा जाग रहा था। विष्णु नारायण लौटने के बाद काफी देर तक बेटे को गोद में लिए बैठा रहा और उसके बाएँ हाथ और पैर को हिलाता-डुलाता रहा। उस दिन उसे हाथ की उँगलियों में भी थोड़ा तिरछापन नजर आया। उसने दीदी को भी दिखाया। लेकिन वे बोली नहीं। चुप रहीं। उसने पूछा भी, "क्यों दीदी, आपका क्या ख्याल है ?"

"क्या बताऊँ— तुम कह रहे हो तो ठीक ही होगा—।" फिर बोलीं, "तुमने क्या सोचा ?"

"काहे का ?"

"वहाँ जाने का··· ?"

"कहाँ, नए घर में ?" उनके होंठ सूखे थे।

विष्णु नारायण उनकी तरफ देखने लगा। उसे लगा कि उसका जाना दीदी को अंदर तक उद्वेलित किए हुए है। उद्वेलित ही नहीं किए है बल्कि उन्हें चैन नहीं लेने दे रहा। बेटे को तख्त पर बैठाकर दीदी के कंधे पर हाथ रखा, "दीदी, मैं तय नहीं कर पा रहा हूँ क्या करूँ ? वहाँ की जो स्थितियाँ हैं—मुझे लगता है—न मैं उन्हें अपना पाऊँगा और न वे मुझे अपना पा रही हैं।"

उनकी आँखों में हल्की-सी चमक आई। फिर गायब हो गई, "नहीं, ऐसा मत सोचो। एक अवसर मिला है—तुम चले जाओ। मैं तो ऐसे ही बातें लेकर बैठ जाती हूँ।"

"नहीं, मैं सोचता हूँ यहीं क्यों न पड़ा रहूँ, कुछ रुपये ज्यादा मिलने लगेंगे बस। वहाँ मुझे अजनबीपन लगता है—फिर आपको ऐसी हालत में छोड़कर जाना मेरे लिए आत्मग्लानि का और भी बड़ा कारण बन जाएगा।"

"शहर के शहर में तो हो—कहीं बाहर चले जाते—आखिर छोटे-छोटे बच्चे हैं—भविष्य तुम्हारे सामने है। मेरा क्या—मैं तो रह ही रही हूँ। ऐसा अवसर कहाँ मिलता है—ऐसा नहीं कि मैं नहीं समझती। लेकिन स्वार्थ समझते हुए भी नासमझ बना देता है। नहीं तुम चले ही जाओ—मैं तो बेकार ही तुमसे कह बैठती हूँ। हर वक्त साथ रहने की आदत पड़ गई है ना—और ये बच्चे। लेकिन उससे क्या—तुम चले जाओ—आते-जाते रहोगे—आदत पड़ जाएगी। नहीं तो मुझे बुरा लगेगा कि मेरे कारण…"

"नहीं, आपके कारण कुछ नहीं है। अगर कुछ होगा तो मेरे अपने ही कारण होगा।"

"मैं जानती हूँ यह सब भावुकता की बात है—जब चले जाओगे तो वही रास आ जाएगा। जब तक यहाँ हो तब तक ही तुम लोगों का जाना-जाना लगता है। पहले भी तो मेरे साथ नहीं थे—यह तो नदी-नाव संयोग था— ।"

विष्णु नारायण उन्हें देख रहा था। उनके पपोटे कुछ अधिक फैले हुए थे। हाथों की उँगलियाँ भी मुड़ गई थीं। उसने पूछा, "दवा ले ली ?"

वे चुप रहीं।

"लगता है आज आपने फिर दवा नहीं ली। इसीलिए इतना परेशान हैं।"

"बहुत खुश्की करती है। जबान एकदम सूखकर लकड़ी हो जाती है…" उन्होंने निकालकर दिखाई। वाकई सफेद निकल आई थी।

"लेकिन दवा नहीं लेंगी तो तबीयत ठीक कैसे होगी !"

"तबीयत का अब क्या होना है—तबीयत तो ठीक ही है।"

थोड़ी देर बाद बोलीं, "तुम बहू को लेकर शाम को घूम आया करो—दिन-भर मेरे साथ उसका भी दिमाग खराब हो जाता है।" उनकी आँखें तैरकर ऊपर आ गई थीं।

बेटा अकेला खेल रहा था। विष्णु नारायण ने देखा कि उसके पास जो गुड़िया थी उससे वह एक ही हाथ से खेल रहा है। दूसरे हाथ से पकड़ तो लेता था परंतु हिला-डुला नहीं पाता था। उसे आश्चर्य हो रहा था—पता चल गया तो सब-कुछ नजर आने लगा। इतने दिन से कुछ नजर नहीं आया।

कुछ ही देर बाद उसका मन गुड़िया से ऊब गया और वह उसकी कमर पकड़कर खड़ा होने की कोशिश करने लगा। विष्णु नारायण निश्चल बैठा रहा। कभी उसे यह भान न हो जाए कि उसे देखा जा रहा है। डॉक्टर ने भी बताया था कि उसे कोई चीज पकड़कर अपने-आप खड़े होने का अभ्यास कराइए। उसका नौकर-साथी दिन-भर इसी काम में लगा रहता था। शुरू में तो आशीष हँसता था बाद में रोने

लगा था। लेकिन इस समय वह अपने ही आप खड़े होने की कोशिश में लगा था। विष्णु नारायण ने अपनी साँस तक रोक रखी थी। कहीं एकाग्रता भंग न हो जाए। दीदी का ध्यान भी उसी तरफ केंद्रित हो गया था। उनके चेहरे पर काफी दिन बाद हल्की-सी मुस्कराहट आई थी।

अपने पापा की पीठ का सहारा लेकर धीरे-धीरे खड़े होने की आशीष की कोशिश लगातार जारी थी। दरअसल उसका एक पाँव एक ही स्थान पर टिका था। वह खड़े होने में उसे जरा भी सहयोग नहीं दे रहा था। काफी फैला हुआ और चौड़ा। उसकी वजह से उसका पूरा जोर उसके दाहिने पाँव पर ही पड़ रहा था। उसकी इस असहायता को देखकर विष्णु नारायण के हृदय में एक अजीब बेचैनी-सी पैदा होने लगी। एक ही प्रश्न बार-बार दिमाग में घूमने लगा। क्या कभी वह दिन आएगा जब उसका बेटा अपने पैरों चलेगा ?···अगर न चल पाया ? उसे अपने साथी श्रीमाली का बेटा याद आ गया। पैंतीस वर्ष की आयु में भी वह कितना असहाय है। उसकी माँ रात-दिन यही कहा करती है—ईश्वर करे मुझसे पहले यह चला जाए। कभी-कभी जब बहुत दुःखी हो जाती तो रोने लगती थी—दुनिया में कोई ऐसी माँ नहीं होगी जो अपने बच्चे को अपने से पहले मरने की कामना करती हो—पर क्या करूँ—मुझे तो ईश्वर ने मनुष्य के जन्म में साँपन की जून दी है—

दीदी ने उसके पाँव को हल्का-सा सहारा देकर सीधा कर दिया। वह खड़ा हो गया। खड़ा होते ही आशीष जोर से खिलखिलाया। शायद वह समझता रहा हो कि खड़ा होना ही उसके लिए सबसे बड़ा संकट है—या फिर उसे लगा हो उसने एक ऐसी उपलब्धि प्राप्त कर ली जो आज तक किसी ने नहीं की होगी। विष्णु नारायण ने पत्नी को आवाज देकर कहा, "देखो, तुम्हारा बेटा खड़ा हो गया !" दरअसल उसने धीरे-धीरे अपनी पीठ उससे अलग कर ली थी और वह थोड़ी देर तक खड़ा रहा था।

जब तक पत्नी आई, वह बैठ गया।

अगले दिन छुट्टी थी। विष्णु नारायण के पास उसके दो-एक लेखक दोस्त आए हुए थे। लेखकों का आना विष्णु नारायण के लिए उत्साह की तरह होता था। इतने दिन का तनाव पता नहीं उस दिन कहाँ गायब हो गया। दीवार में बनी कानस के नीचे बिछे सोफे पर बैठे वे लोग गपिया रहे थे। लेखकीय मसलों पर इतनी जोर-जोर से बहस हो रही थी कि घर के बाकी लोगों को लग रहा था कि कहीं लड़ाई न हो जाए। दीदी इस तरह की बहस बड़े मनोयोग से सुनती थीं। सिंहानी का ख्याल था कि लेखक जब रचना करता है तो वह परकाय-प्रवेश होता है। बिना इसके लेखक

लिख ही नहीं सकता।

यह बात समरेश के गले नहीं उतर रही थी। उसका कहना था कि यह सब लफ्फाजी है। लेखक अपने-आपसे अलग होकर लिख ही नहीं सकता। अगर लिखेगा तो ठीक वैसा ही होगा जैसा मोहल्ले के लोग रात्रि में किसी की कराहट सुनकर उसके दर्द का अहसास कर लेते हैं—और यह कहकर चुप हो जाते हैं, बेचारा बहुत ही कष्ट में है।

चूँकि विष्णु नारायण को बहुत दिन बाद लेखकीय मुद्दे पर चर्चा करने का और सुनने का मौका मिला था, इसलिए वह उन सब बातों को गहराई से सुन रहा था। बाद में बोला, "शायद सिंहानी ठीक कहते हैं। हर अनुभव का मनुष्य अपने आप स्रोत नहीं हो सकता। इस मामले में उसकी सामर्थ्य बहुत सीमित है—बड़ी रचना एक या दो अनुभवों से नहीं बनती। उसके लिए विभिन्न और विस्तृत अनुभवों से होकर गुजरना पड़ता है जिनमें कुछ अपने होते हैं और कुछ अन्य व्यक्तियों और वर्गों के—तो स्वाभाविक है कि जब तक हम उन अनुभवों को, उन्हीं की संवेदना का हिस्सा बनकर, ग्रहण नहीं करेंगे जिनके वे अनुभव हैं—तब तक रचना को वह विस्तार नहीं मिल सकता, जिसकी जो एक समर्थ रचनाकार से आशा की जा सकती है।"

विष्णु नारायण थोड़ी देर चुप रहा फिर बोला, "न हो बड़ी, लेकिन अनुभूति और अनुभूति को जीने और अभिव्यक्त करने की ईमानदारी तो झलकेगी। हमारा दुर्भाग्य यही है कि हम प्रयत्न के स्तर पर कई बार ठीक उसी तरह, ऊपर ही ऊपर, झाड़ू छुआकर चल देते हैं जैसे मालिक की अनुपस्थिति में कामचोर नौकर। हम तो मालिक भी अपने-आप हैं और नौकर भी—फिर किसे धोखा दे रहे हैं ?"

सिंहानी खुश हो गए। तत्काल बोले, "आपने यह अच्छी बात कही। आप तो शालीनतावश नहीं कह पा रहे, पर मैं कहता हूँ कि अगर लेखक में परकाय-प्रवेश की सामर्थ्य है तो निश्चित ही रचना बड़ी होगी।"

समरेश तत्काल बोला, "देखिए सिंहानीजी, आपकी और इनकी बात मेरे लिए पूरी तरह हवाबाजी है। मैं यथार्थ की पहचान को ही लेखकीय सामर्थ्य मानता हूँ। प्रेमचंद को ले लीजिए—प्रेमचंद के पास उनका अपना यथार्थ है—इसलिए वह बड़ा लेखक है।"

"और रवींद्रनाथ…"

"रवींद्रनाथ…" कहकर समरेश चुप हो गया। उसके चेहरे से लगा, वह कुछ कहना चाहता था। लेकिन वह उसे घोंट गया।

विष्णु नारायण ने तत्काल कहा, "यार समरेश, एक बात कहूँ बुरा तो नहीं मानोगे ?"

समरेश बोला, "कहो।"

"प्रेमचंद का गाना कब तक गाते रहोगे ? क्या इतना काफी नहीं कि प्रेमचंद एक बड़े लेखक थे और आगे भी रहेंगे। बांग्ला-कथा-साहित्य आज तक शरत के प्रभाव से मुक्त नहीं हो पाया। यही स्थिति रवींद्र की है। तुम रवींद्र का नाम लेने पर जो कहना चाहते थे, नहीं कह पाये। बांग्ला का बड़े से बड़ा कथाकार कितना भी प्रगतिशील और यथार्थवादी क्यों न हो, परंतु कहीं-न-कहीं उस पर शरतचंद्र की परछाईं हिलती नजर आ जाती है। कहीं प्रेमचंद भी हम लोगों की संवेदना को उसी तरह न घेर लें जिस प्रकार एक ताकतवर आक्रमणकारी घेरा डालकर आगे बढ़नेवाले कबीलों को घेर लेता है—शायद आक्रमणकारी शब्द का मैं गलत प्रयोग कर रहा हूँ—लेकिन मेरा अर्थ वह नहीं—"

सिंहानी ने तत्काल कहा, "प्रवृत्तियाँ भी आक्रमणकारी होती हैं—वे अधिक खतरनाक ढंग से मनुष्य की मानसिकता को गुलाम बनाती हैं।"

विष्णु नारायण ने अपनी बात आगे बढ़ाई, "चलिए, यूँ ही सही ! उन्होंने अपना यथार्थ पाया, हमें अपना यथार्थ खोजना है। आखिर कब तक उन्हीं के यथार्थ को अपनी खोज मानते रहेंगे— ? मुझे लगता है कि हम अपनी अक्षमताओं को प्रेमचंद की दुहाई देकर छिपाने की कोशिश कर रहे हैं। जब तक हम अपने मानक अपने-आप नहीं बनाते, तब तक हम अपनी संवेदना का साहित्य नहीं रच सकते।"

समरेश इस बात पर काफी उखड़ गया, "आप क्या बात करते हैं—प्रेमचंद-जैसा लेखक आनेवाले सौ सालों तक पैदा नहीं होगा। उसके पास जो पकड़ थी वह किसके पास है ! वह शोषित वर्ग के संघर्ष का चितेरा था।"

सिंहानी हँसकर बोले, "वह सब-कुछ था, हम क्या हैं ? अगर हम उनसे यह न सीख पाएँ कि जिस प्रकार उन्होंने अपने मानक तैयार किए, उस तरह हम भी करें तो फिर हमने उनसे क्या सीखा ?" सिंहानी समरेश और विष्णु नारायण की नोक-झोंक का मजा लेने के लिए थोड़ा तटस्थ हो गए थे। केवल बीच-बीच में छेपटी डाल देते थे, जिससे अग्नि चेतन रहे।

समरेश ने इस बार विष्णु नारायण पर चोट की, "माफ कीजिए, आप प्रेमचंद को नहीं समझ सकते। इतनी बड़ी कुर्सी पर बैठे आदमी के लिए प्रेमचंद को समझना मुश्किल है।"

विष्णु नारायण का चेहरा एक क्षण को तमतमाया, फिर अंदर-ही-अंदर अपने

को ठंडा करते हुए बोला, "शायद आप ठीक कह रहे हों। लेकिन किसी भी बड़े लेखक को वही ज्यादा अच्छी तरह समझता है जो उसके अनुभव से सीखकर अपना स्वतंत्र रचना-संसार निर्मित करता है। उसके खतरे भी होते हैं—चूँकि ऐसी जगह पर हूँ जिसका अपना यथार्थ है और बहुत सशक्त यथार्थ है—इसलिए लगता है कि प्रेमचंद के यथार्थ के अलावा भी कई और यथार्थ पनप रहे हैं। उनको प्रेमचंद की महानता के दबाव में अनदेखा नहीं किया जा सकता—"

सिंहानी ने तत्काल दूसरी बात उठा दी, "यह प्रश्न मूलतः गलत है। एक व्यक्ति—भूखा रहकर भी, ताड़ना सहकर भी—शायद प्रेमचंद को न समझ पाये और दूसरा व्यक्ति सब संपन्नताओं के बीच भी प्रेमचंद से इतना तादात्म्य अनुभव करता हो कि उसके संपूर्ण सोच का केंद्र ही वह हो—"

विष्णु नारायण ने कुछ कहना चाहा तभी पत्नी ने अंदर से पुकारा, "जरा जल्दी आना।" उसने कहा, "अभी आता हूँ, ठहरो।"

अंदर से फिर आवाज, "जल्दी आइए ना !"

इस बार आवाज में ज्यादा घबराहट थी। वह तत्काल अंदर गया। उसी के पीछे-पीछे सिंहानी और समरेश भी गए। आवाज की घबराहट शायद वे भी भाँप गए थे। पत्नी का चेहरा आँसुओं से भीगा था।

"क्या बात है ?" विष्णु नारायण ने पूछा।

"रानी का पता नहीं चल रहा—"

"अभी तो रानी और सीता बाहर कमरे में लुका-छिपी खेल रही थीं। मैंने मना भी किया था।"

"वह नहीं है—" दीदी की घबराहट काफी बढ़ी हुई थी।

"कहाँ चली गई "

"मैंने आसपास के घरों में दिखवा लिया। कहीं नहीं मिली। आजकल बच्चों की बहुत चोरी हो रही है। अखबार में था—कल-ही-कल में चार बच्चे उठ गए ...मेरी बेटी..." कहकर वह सुबकने लगी।

दीदी ने धीरे से कहा, "कहीं निकल गई होगी—ऐसा मत सोचो।" इतनी बात उनके मुँह से बड़ी मुश्किल के साथ निकली, उनकी आँखें और बाहर निकल आई थीं।

सिंहानी की गाड़ी खड़ी थी। वे तत्काल बोले, "हम अभी देखकर आते हैं। भाभी, आप घबराइए नहीं। यहीं कहीं होगी—इतनी देर में ज्यादा दूर नहीं जा सकती।"

तीनों गाड़ी में आकर बैठ गए। विष्णु नारायण की आवाज रुक रही थी। हर आठ मकान के बाद एक गली थी। विष्णु नारायण कार से मुँह निकालकर—

"रानी···रानी बेटी···बेटी रानी !" कहकर पुकारता जा रहा था।

कई लोगों ने रोककर पूछा भी, "क्या हुआ ?"

विष्णु नारायण बड़ी मुश्किल से बता पाया कि थोड़ी देर पहले तक दोनों बेटियाँ खेल रही थीं। छोटी बेटी अचानक गायब हो गई। दो-चार लोग जो परिचित थे वे भी इधर-उधर ढूँढ़ने निकल गए। पूरी सड़क खूँद डाली थीं—समरेश और विष्णु नारायण उतर-उतरकर गलियों में भी चक्कर लगाते रहे और उसका नाम ले-लेकर पुकारते रहे। बच्ची का कहीं पता नहीं था। बच्ची का क्या होगा ? विष्णु नारायण सोच-सोचकर परेशान था। कहाँ होगी ? बेच-बाच तो नहीं दिया होगा ? जिस अनिष्ट की कल्पना की जा सकती थी, वह सब उसके दिमाग में घट रहा था। उसे एकाएक ख्याल आया—यह नई नौकरी पता नहीं क्या-क्या खेल खिलाएगी ?

जब वे लौटे तो विष्णु नारायण अधमरा हो गया था। उसे कुछ भी नहीं सूझ रहा था। बोल तो वह कुछ रहा ही नहीं था। अलबत्ता उसके अंदर कोई दूसरा विष्णु नारायण लगातार चिल्ला रहा था—क्या होगा ? कौन उसे—देखेगा ?

गाड़ी दूसरी तरफ मुड़ने लगी तो समरेश ने कहा, "घर होते चलें—शायद कुछ पता चल गया हो।"

विष्णु नारायण से बोला नहीं गया। सिर्फ गर्दन हिला दी।

घर आए तो सब लोग बाहर खड़े थे। विष्णु नारायण एक बार फिर किसी अप्रत्याशित आशंका से काँप उठा—कहीं···?

कार के रुकते ही बड़ी बिटिया तीर की तरह आई, "पापा, रानी मिल गई··· ।"

विष्णु नारायण के मुँह से सिर्फ इतना ही निकला, "मिल गई···!" और कुछ ऐसा हो गया जैसे कोई मैराथन दौड़ का धावक मंजिल सामने दीखते ही हिम्मत हार बैठा हो। वह वहीं बैठ गया। फिर न जाने उसे क्या लगा कि वह दौड़कर अंदर गया। अभी तक सभी अस्थिर थे। वह समझ नहीं पाया कि यह सब कैसे हो गया ? रानी बुआ की गोदी में बैठी थी। उसे देखते ही दीदी बोलीं, "अष्टमी के दिन मेरी बच्ची चली जाती तो—" और रोने लगीं। दीदी बहुत दिन बाद रोई थीं। उनका रोना उनके मानसिक तनाव के लिए अच्छा था।

तब तक मलकानी और समरेश भी आ गए। हँसकर बोले, "नारायण साहब दावत कीजिए—घर में बेटी और नगर में ढिंढोरा। अरे, यह तो इसी सोफे के पीछे सोई हुई थी।" झाँककर देखा तो वहाँ थोड़ी-सी जगह थी। लुका-छुपी का खेल खेलते हुए वह वहीं छिप गई थी। उस बीच विष्णु नारायण ने बड़ी बिटिया को डाँट

दिया—शोर मत मचाओ—अंदर खेलो। तो वह वहीं बैठी की बैठी रह गई। उकड़ूँ बैठे-बैठे उसे नींद भी आ गई। चिमनी की हल्की-सी उभरी पट्टी के सहारे टिकी वह सोती रही।

विष्णु नारायण की आँखों में आँसू ढलक आए। उसने बेटी को उठाया और बार-बार चूमने लगा, "तूने तो सबकी जान ही निकाल दी थी—मैं यही सोच-सोचकर मरा जा रहा था कि पता नहीं मेरी बेटी कहाँ होगी—कुछ खाने को भी मिलेगा या नहीं; कहीं किसी ने मार ही न दिया हो—तू छिप क्यों गई थी ?"

उसकी पत्नी चुपचाप खड़ी रो रही थी। दीदी बोलीं, "वो तो रीता ने ढूँढ़ा।"

रीता बोली, "पापा, रानी बहुत गंदी है···वहाँ छिप गई···!"

रानी ने उसे मारने को हाथ उठाया, "तूने ही तो कहा था वहाँ छिपने को।"

सब हँस पड़े।

उसके काफी दिन बाद तक रानी की चर्चा रही। खाने बैठते तो कोई-न-कोई कह देता अगर रानी खो गई होती तो उसे कौन खाना खिलाता, कौन पानी पिलाता—यह तो बेचारी माँगती भी नहीं···। नहाने का वक्त होता तो उसकी माँ आँखों में पानी भर लाती—कौन नहलाता, कौन तैयार करके स्कूल भेजता···? रात को सोने जाते तो सीने से चिपटा लेती—मेरी बेटी को पता नहीं सोने को जमीन मिलती—या पत्थर···? पता नहीं क्या हुआ होता—और टप-टप आँसू गिरने शुरू हो जाते। दीदी को यही लगता था कि अगर अष्टमी के दिन बिटिया चली गई होती तो घर की लक्ष्मी विदा हो जाती, लेकिन रीता जब कभी भी गुस्सा होती तो कहती—तू उस दिन खो गई होती तो अच्छा होता—रात-दिन लड़ती है। सबके दिल दहल जाते और रीता पर बरस पड़ते। रानी उस पर डाँट पड़ते देखकर खुश होती।

विष्णु नारायण की समझ में कभी कुछ न आता कि वह क्या कहे। अचानक बैठे-बैठे जब कभी ध्यान आ जाता तो उसका दिल दहल जाता। साँस ऊपर की ऊपर और नीचे की नीचे रह जाती। बड़ी मुश्किल से पूरी साँस ले पाता। कई बार उसे यह लगता, जो नहीं हुआ उसकी संभावना मात्र से हम कितने उद्वेलित हो जाते हैं—अगर कहीं ऐसा हो गया होता···?

हालाँकि वह घटना हुई नहीं थी फिर भी उस घटना का माहौल घर तो घर, उसे दफ्तर में भी घेरे रहता था। अगले दिन वह जब दफ्तर पहुँचा तो भी उसके दिमाग में बिटिया का वही चेहरा था जो उसने लौटकर देखा था। घबराई हुई सी। उसे भी जरूर लगा होगा, जब ये सब लोग इतना परेशान हैं तो जरूर कोई गड़बड़ होने वाली थी। उस दिन वह पूरे दिन सहमी-सहमी-सी रही थी। सवेरे दफ्तर के

लिए चलते वक्त घरवालों की तरफ से एक हल्का-सा सुझाव भी आया था कि वह दफ्तर न जाए। दीदी ज्यादा चिंतित थीं। उन्होंने हँसकर यह कहा, ''आपको यह तो नहीं लग रहा है कि कहीं मैं भी रानी की तरह कुर्सी के पीछे छिपकर न बैठ जाऊँ और आप तलाश करती घूमें। कुर्सी भी इंसान को ढँक लेती है–''

दीदी ने रानी और रीता का हाथ पकड़कर अपने पास खींच लिया और सीने से चिपका लिया था। विष्णु नारायण को चलते हुए एकाएक ही ध्यान आया था कि कल से आशीष की तो किसी ने सुध ही नहीं ली। लेकिन वह उस समय अपने नौकर-साथी के साथ बाहर खेल रहा था। रिक्शा आ गया था। विष्णु नारायण जल्दी से बैठा और चल दिया। यह बात उसे बड़ी अजीब-सी लगी कि एक बच्चे के दबाव में हम दूसरे बच्चों को कैसे भूल जाते हैं।

डॉक्टर देसाई, डॉ. नवांश, डॉ. कुट्टी, डॉ. दामोदर आदि कई प्रोफेसर उसके कमरे में एकाएक घुसे। विष्णु नारायण हड़बड़ाकर कुर्सी से उठकर खड़ा हो गया।

डॉ. दामोदर ने कहा, ''हम आपके पास विद्या परिषद के सचिव की हैसियत से आए हैं।''

''तशरीफ रखिए।''

''नहीं, इतना समय नहीं है। हम लोग इतनी फुर्सत में नहीं रहते कि बैठकर गप्प लड़ाएँ।'' विष्णु नारायण ने कनखी आँखों से देखा। चेहरे पर चोट करके आत्मतोष पानेवाला भाव था। उसने तुरंत कहा, ''मेरे पास तो है–इसीलिए मैं आपको बैठने के लिए आमंत्रित कर रहा हूँ। मैं समझता हूँ आप जरूर मेरा आमंत्रण स्वीकार करेंगे।''

जवाब के पहले हिस्से से डॉ. दामोदर थोड़ा-सा चौंके। फिर बोले, ''तो ठीक है, आपका खाली समय आपको मुबारक; अपने समय का जी भरकर आनंद उठाइए।''

''मैं सोचता था आप भी उस आनंद में थोड़ा हिस्सा बाँट लें–।''

पीछे खड़े दो-तीन अध्यापकों के चेहरों पर मुस्कराहट आई। पर वे पीछे थे। इसलिए उनके साथी उनकी हरकत नहीं देख पाए।

डॉ. देसाई ने भवों को कमान बनाकर कहा, ''डॉ. दामोदर, आप इन

औपचारिकताओं में न फँसकर अपना काम कीजिए और चलिए।"

डॉ. दामोदर तत्काल अपनी बात पर आ गए, "हम निदेशक के खिलाफ सेंसर मोशन का प्रस्ताव लेकर आए हैं।"

"जी ऽऽ!" विष्णु नारायण के मुँह से एकाएक निकला। लेकिन तुरंत ही सँभल गया। बोला, "लेकिन विद्या परिषद तो निदेशक के सेंसर करने का उपयुक्त फोरम नहीं है ?"

सब लोग एक क्षण को सन्न हो गए। डॉ. नवांश ने बात को सँभालते हुए तुरंत कहा, "यह अध्यक्ष विद्या परिषद को सेंसर करने का प्रस्ताव है–निदेशक ही पदेन अध्यक्ष भी हैं। इस प्रस्ताव पर आधे से अधिक सदस्यों के हस्ताक्षर हैं।"

उसने खड़े ही खड़े कहा, "मैं एकेडिमिक प्रश्न करना चाहता हूँ–अगर सेंसर का प्रस्ताव आप पास करा लेते हैं तो क्या अध्यक्ष को उनके पद से हटा सकते हैं ? जैसा कि डॉ. नवांश ने कहा निदेशक ही पदेन अध्यक्ष होता है। जब तक निदेशक हैं तब तक अध्यक्ष भी हैं–अगर आप उन्हें हटा नहीं सकते तो सेंसर का प्रस्ताव पारित करने का न तो कोई अर्थ होगा और न प्रासंगिकता।"

वे थोड़ी देर तक एक-दूसरे का मुँह देखते रहे। जब उनकी समझ में उत्तर नहीं आया तो डॉ. नवांश तत्काल बोले, "आप निर्णय लेनेवाले व्यक्ति नहीं हैं, आपका काम तो केवल पोस्ट ऑफिस का है। हमारे प्रस्ताव को लें और विद्या परिषद के एजेंडा में रख दें।"

"क्षमा करें, जहाँ तक मैं समझता हूँ मेरा काम यह भी है कि नियमानुसार सलाह दूँ और यदि कोई भ्रम है तो अपनी सामर्थ्य के अनुसार उसे दूर करने की कोशिश करूँ।"

"यह काम आप विद्या परिषद के अध्यक्ष के साथ कीजिए। हम इस संस्थान में आपके आने से बहुत पहले से हैं।"

"आप पहले से हो सकते हैं–पर नियम बताने का काम बाद में आया व्यक्ति भी कर सकता है–मैं अपने नोट में लिखूँगा कि सम्माननीय सदस्यों को भी संवैधानिक स्थिति से अवगत करा दिया गया था–"

"आप उनसे मिले हुए हैं–मि. प्रशासन अधिकारी आप संस्थान को इस तरह नहीं चला पाएँगे। आप पक्षधरता निबाह रहे हैं।"

विष्णु नारायण को यद्यपि क्रोध नहीं आता था परंतु वह एकाएक उखड़ पड़ा– "देखिए, आप सब लोग बुद्धिजीवी हैं–कोई आक्षेप लगाने से पूर्व आपको अपनी भाषा और तर्क को तोल लेना चाहिए। मैं आपके इस आक्षेप का जबरदस्त विरोध

करता हूँ। अगर आपको कुछ कहना है या करना है तो उचित स्तर पर करें—आज के बाद कृपा कर इस तरह की बात मेरे सामने न करें।"

"मौका आने पर वह भी करेंगे। यह कोई कॉलेज या विश्वविद्यालय नहीं—अंतर्राष्ट्रीय ख्याति का संस्थान है, यहाँ जो लोग हैं वे भी अंतर्राष्ट्रीय ख्याति के हैं।"

"क्षमा करें, लोग मुझे भी जानते हैं—न सही वैज्ञानिक के रूप में—पर मैं अपने अधिकार के तहत एक लेखक हूँ—आत्मा और भावनाओं का वैज्ञानिक ही समझिए।"

विष्णु नारायण को कहते ही लगा कि उसके कथन में एक तरह का बड़बोलापन है। वह इस स्थिति को खामोश रहकर भी टाल सकता था। उन लोगों ने उसके कथन को सुना जरूर, पर उनके चेहरे पर एक तरह का उपहास उभर आया। वे एक क्षण तक तो खामोश रहे फिर उनमें से एक बोले, "नाविल-वाविल, कविता-वविता लिख लेते होंगे—देश में बहुत से लोग हैं जो यह काम करते हैं—सो किया करें—हमारा उससे कोई सरोकार नहीं। हम मात्र आपको विद्या परिषद का सचिव समझकर आए हैं—वह आप हैं भी। हाँ, अगर इसके सिवाय भी कुछ हैं तो आप जानें। आपको यह कागज लेना हो तो लें वर्ना लिखकर दे दें कि आप लेने से इंकार करते हैं।"

उसने बिना कुछ कहे हाथ बढ़ाकर उसे ले लिया। डॉ. नवांश ने उस कागज की प्रतिलिपि आगे बढ़ा दी, "प्राप्ति के हस्ताक्षर भी कर दें।"

हालाँकि यह कोई बात नहीं थी। वह उस पर स्वयं भी हस्ताक्षर कर सकता था। पर उसने घंटी बजाई और अपने रामलखन बाबू से कहा, "इस कागज की प्रप्ति के लिए हस्ताक्षर करके—इन्हें वापस कर दो।" वहाँ पर खड़े सभी लोगों का चेहरा एकदम तमतमा उठा, पर बोला कोई नहीं। जब रसीद मिल गई तो चलते हुए डॉ. देसाई ने कहा, "मि. नारायण, लगता है यह प्रशासन-अधिकारीपन आपके दिमाग में चढ़ गया है। यह संस्थान थोड़ा-बहुत नहीं—बहुत अधिक विचित्र है। यहाँ ऐसे नहीं चलेगा—"

"यह तो आप मुझे पहले ही बता चुके हैं।"

सब लोग इस तरह लौटे जैसे शोक मनाकर लौट रहे हों। चेहरे गंभीर और तने हुए थे। कमरे से बाहर निकलकर कुछ देर तक तो वे लोग कदम मिलाकर चुपचाप चलते रहे। फिर नवांश ने धीरे-से अँग्रेजी में कहा, "बाद में इससे भी निबटना है—इस घाट पर हर-एक पानी नहीं पी सकता, यह गीदड़ शेर का नकली चेहरा लगाकर पानी पीने आ गया है।"

"अपनी शक्ति चारों तरफ खर्च करने की जरूरत नहीं। यह तो एक नगण्य

मक्खी की तरह है–किसी भी वक्त रास्ता दिखाया जा सकता है। पहले असली दुश्मन से निबटना जरूरी है।"

इतने बड़े-बड़े लोगों को प्रशासन अधिकारी के कमरे से निकलते देखकर दफ्तर के बाबू लोग बाहर निकल आए थे और उस लौटते जुलूस को देखने लगे थे। उनके दूसरी तरफ मुड़ते ही एक बाबू बोला, "वर्मा साहब के कमरे में तो इन लोगों में से कोई नहीं जाता था–लगता है नारायण साहब काफी दबदबेवाले आदमी हैं, तभी तो ये घड़ियाल उनके कमरे से निकल रहे हैं।"

"यह संस्थान है–यहाँ बड़े-बड़े धूल चाट जाते हैं।"

किसी ने कहा, "बस, वही नहीं चाटता जो आते ही धूल में लेट जाता है जैसे हम।"

"हाँ भई, जो धूल में लेट गया उसे उससे नीचे तो ले ही नहीं जाया जा सकता, क्यों ? वहाँ लेटा आदमी परम स्थिति को पहुँचा हुआ होता है। हाँ, गिरना तो उनका होता है जो ऊपर अटके हों–"

"इसका मतलब नारायण साहब की गिरने की संभावना हो सकती है।"

"हो तो इन सबकी भी सकती है–"

"औरों की तो हमसे पूछ रहे हैं–इनकी खुद की नहीं हो सकती– ? सुपरिंटेंडेंट साहब ही तो बड़े बाबू हैं–गिरने के लिए उनके नीचे भी तीन सीढ़ियाँ खाली हैं।"

सब लोग हँस दिए।

विष्णु नारायण थोड़ी देर चुपचाप सकते से बैठा रहा, शायद यही उसकी कमी है–जबान पर से संयम खो देता है–यह आज एक ऐसी शुरुआत हो गई जिसने उस अकेले के मुकाबले उन सबको खड़ा कर दिया। कहीं यह एक अघोषित युद्ध का रूप न ले ले ? वहाँ भी–वह निरंतर अपने एक साथी से अघोषित लड़ाई लड़ता रहा था–लेकिन खैर–उसने निदेशक से बात करने के लिए इंटरकॉम उठाया।

"सर, मैं बोल रहा हूँ–विष्णु।"

"हाँ, कहिए नारायण साहब।"

"विद्या परिषद के लिए डॉ. दामोदर, डॉ. नवांश, डॉ. देसाई वगैरह छह-सात लोग एक प्रस्ताव दे गए हैं–कहिए मैं लेकर आ जाऊँ और अगर आप व्यस्त हों तो क्लोज्ड कवर में भिजवा दूँ।"

"आप आ ही जाइए।"

विष्णु नारायण तत्काल निदेशक के पास गया। मि. सक्सेना अंदर थे। विष्णु नारायण को देखकर वे एकाएक खामोश हो गए। एक क्षण रुककर उन्होंने कहा,

"माफ कीजिए नारायण साहब, मैं जरा साहब से बात कर रहा था।"

"माफ कीजिए।" कहकर विष्णु नारायण लौटने लगा तो निदेशक ने कहा, "आइए आइए, अरे भई इनसे कोई बात कैसे छिपाई जा सकती है—इनको तो संसद ने वह अधिकार दे दिया है जिसके तहत अगर आप और हम कुछ छिपाना भी चाहें तो इन्हें पता चल जाएगा। रिकॉर्ड के मालिक तो यही हैं—"

"नहीं, मेरा मतलब था...."

"मतलब-वतलब कुछ नहीं, सक्सेना साहब। वर्मा साहब की बात और थी—बकौल आपके उन्होंने आपको नुकसान पहुँचाने की कोशिश की थी। लेकिन इनसे तो आपका कोई ऐसा हिसाब नहीं होना चाहिए जिसे चुकाने की जरूरत आ पड़ी हो।"

इस बात से सक्सेना साहब थोड़े तन गए। वे तत्काल बोले, "नहीं सर, उनसे भी मेरा कुछ नहीं था—वही शत्रुता मानते थे—इनसे तो भला अभी क्या होगा। आपने स्वयं उस समय पूछा था कि इंस्टिट्यूट ऐडमिनिस्ट्रेटिव ऑफीसर के पद के लिए आवेदन पत्र नहीं दोगे ? तो आपको याद होगा कि मैंने आपसे स्वयं कहा था कि मैं तो पहले से ही उसी वेतन क्रम में हूँ—"

हँसकर बोले, "आगे की बात भी पूरी कर दीजिए—आप चाहते थे कि बिना चयन आपको बना दिया जाए—आपके समर्थक लोगों ने मुझ पर काफी जोर डाला—आप जानते ही हैं कि वह संभव नहीं था।"

"अच्छा, मैं चलता हूँ।"

"क्यों, आपकी बात तो बीच ही में रह गई !"

"आप नारायण साहब से बात कर लीजिए—मैं फिर कभी बात कर लूँगा।" सक्सेना चले गए।

विष्णु नारायण काफी परेशान हो उठा। उसकी समझ में नहीं आ रहा था कि उसके साथ एक के बाद एक यह क्या घट रहा है। क्यों घट रहा है ? वह चुपचाप बैठ गया, धीरे से बोला, "मैं थोड़ी देर बाद आ जाता।"

"क्यों आ जाते ? इन लोगों ने सब डायरेक्टरों को गुलाम बनाकर रखा है। अच्छा हुआ आप आ गए। इनका आना भी उसी योजना के तहत था जो नवांश और देसाई ने चला रखी है। ये चाहते थे कि मैं उस वर्ग से समझौता कर लूँ। यानी आपके सारे अधिकार इनको दे दूँ। इस शर्त पर वे मेरी उनसे बात करा सकते हैं..." विष्णु नारायण हल्का-सा मुस्कराया। फिर बोला, "लगता है एक चैनल से दबाव डाला जा रहा है; दूसरे चैनल से समझौते की कोशिशें जारी हैं। मैं समझता

था, राजनीतिज्ञों में ही राजनीति होती है। लेकिन यहाँ तो बुद्धिजीवियों की भी एक अपनी राजनीति है—उस मुख्य राजनीति से भी कहीं ज्यादा लुकी-छिपी और नुकीली।" कहकर उसने कागज बढ़ा दिया।

कागज को पढ़ते-पढ़ते निदेशक के माथे पर पसीने की बूँदें छलक आईं। पसीना कभी-कभी इंसान को आँखों से ज्यादा उजागर कर देता है। निदेशक पहले तो चुप रहे फिर माथा पोंछते हुए बोले, "यह कैसे हो सकता है ?"

"यह तो आपको तय करना है सर—आप चाहें तो इसे अस्वीकार कर सकते हैं—और चाहें इसे एजेंडे में शरीक कर सकते हैं। दोनों ही हालतों में यह अप्रभावी होगा। यह बात मैंने उन लोगों को भी बता दी है। इस पर वे काफी नाराज भी हो गए थे। मुझे भी गुस्सा आ गया—।" विष्णु नारायण ने पूरी बात बतला दी। इस बात को सुनकर निदेशक को राहत मिली कि अगर विद्या परिषद के अध्यक्ष को हटाना है तो उन्हें पहले निदेशक को सेंसर करना होगा। उसके लिए उचित स्थान विद्या परिषद में नहीं है, अतः सिवाय इसके और कुछ नहीं कर सकते कि वे इस प्रस्ताव को एजेंडा में लाकर निदेशक के लिए असुविधा और संकोच की स्थिति उत्पन्न करें।

निदेशक इस बारे में काफी देर तक सोचते रहे, फिर बोले, "एजेंडा में सम्मिलित करना क्या उचित रहेगा—आपकी क्या राय है ?"

विष्णु नारायण विचार करके बोला, "मेरे ख्याल से इसे एजेंडा में सम्मिलित करना तो ठीक नहीं होगा—अगर आप ठीक समझें तो वहीं टेबिल पर रख दें। जिसको जो कहना होगा कहकर चुप हो जाएगा—आपके लिए संकोच की स्थिति जरूर पैदा हो जाएगी।"

"अच्छा सोचूँगा।"

विष्णु नारायण कागज छोड़कर चलने लगा तो निदेशक ने कहा, "आपने इन लोगों के साथ झंझट करके ठीक नहीं किया—मेरा तो कुछ नहीं—जाना होगा तो अपने पद पर वापस चला जाऊँगा। लेकिन आपके लिए···! आपको शायद ऐसा नहीं करना चाहिए था। आपको मालूम नहीं—टिवाना साहब को इन सब लोगों ने वली उल्लाह खाँ से लड़ने के लिए उकसाया। जब वे लड़ाई में उलझ गए और बाहर निकलने का कोई रास्ता नहीं रहा तो छात्रों को आगे करके यह नारा लगवा दिया कि —टिवाना वली उल्लाह हाय-हाय ! संस्थान से दोनों जाएँ ! दोनों को जाना पड़ा। चूँकि सरकार गलत-सही नहीं देखती। हंगामे से डरती है। टिवाना साहब बेचारे अभी तक इसीलिए यहाँ पड़े हैं कि उनकी बाकी सर्विस का कुछ तय हो जाए—जिनके ये दोस्त थे, उन्हीं

के दुश्मन निकले—लगता है आपके तो शुरू से ही दुश्मन बन गए—"

विष्णु नारायण धीरे से बोले, "मैं भी सोचता हूँ—मैं बेकार ही बोला। लेकिन फिर सोचता हूँ अगर मैं चुप भी रहा होता तो क्या वे मुझे बख्श देते ? मैंने तो सिर्फ इतना किया कि जो साँप मेरी तरफ तेजी से लपक रहा था उसे थोड़ा और हड़बड़ा दिया। हो सकता है वह अपना रास्ता बदल ले या फिर तेजी से लपककर डसने की कोशिश करे—बादवाली बात की ज्यादा उम्मीद नजर आती है।"

"लेकिन फिर भी—अगर हो सके तो आप उस ग्रुप से सुलह-सफाई कर लें।"

विष्णु नारायण पहले चुप रहा, फिर हँसकर बोला, "सर, पोस्ट तो मेरी भी अभी बरकरार है—मैं भी वहाँ से छुट्टी पर ही हूँ।"

"मुझमें और आपमें अंतर है—मैं जहाँ पहुँच सकता था पहुँच गया। उम्र के हिसाब से आपको अभी और आगे बढ़ना है···मेरी एक ही इच्छा थी—इस राष्ट्रीय संस्थान का निदेशक बनूँ, वह भी बन गया—भले ही अस्थायी हूँ—।"

"सर, ऐसी कोई कामना नहीं कि आत्मसम्मान बेचकर पद या सम्मान के पीछे घूमूँ। वह तो भिखारीवाली स्थिति ही होगी—घर से माँगने निकला नहीं कि मरा नहीं—झोली-भर भी मिल गया तो क्या—अपनी नजर में तो मरा ही हुआ रहूँगा।"

निदेशक ने इस बात को बढ़ाना ठीक नहीं समझा। दूसरी बात शुरू कर दी, "वो छात्रों के सांस्कृतिक समारोह वाला मामला कई मीटिंगों से स्थगित होता आ रहा है। बहुत गर्मागर्म मुद्दा है। छह महीने में तो जाँच समिति ने जाँच रिपोर्ट तैयार की और छह महीने से वह स्थगित होता आ रहा है। आज छात्र संघ का प्रेसीडेंट राकेश आया था—अल्टीमेटम दे गया है—इस रिपोर्ट के तहत अगर छात्रों के खिलाफ कोई कार्यवाही की गई तो हम आपके खिलाफ आंदोलन करेंगे। थोड़ा लेफ्टिस्ट व्यूज का आदमी है—कर्मचारियों के समर्थन में भी कुछ कह रहा था।—खासतौर से कर्मचारी यूनियन के सचिव के बारे में—उसे आपने काम करने को क्यों कहा—वह रात-दिन कर्मचारियों को संगठित करता है, उनकी समस्याओं को देखता है—आप इन सी. आई. ए. के एजेंटों के दबाव में काम कर रहे हैं—"

"लेकिन सर, छात्रों के सांस्कृतिक समारोह का मामला—तो प्रशासकीय मामला है—"

"यह विश्वविद्यालय नहीं है नारायण साहब—छात्र-अनुशासन विद्या परिषद के कार्यक्षेत्र में है—छात्रसंघ के पदाधिकारी विद्या परिषद के आमंत्रित सदस्य हैं। इसलिए हर मामले में उनकी राय का महत्त्व है। अगर छात्र मेरे खिलाफ कुछ बोलेंगे तो—स्वभावतः इन लोगों का उन्हें समर्थन मिलेगा।"

"मैं समझा नहीं ?"

"इसमें समझने की क्या बात है। वली उल्लाह खाँ और टिवाना साहब के खिलाफ तीनों ने मिसकोट कर ली थी और दिल्ली जाकर प्रधानमंत्री और शिक्षामंत्री से कह आए थे कि उन्हें हटाया जाए—उन्हें हटना पड़ा था—आगे भी क्या और बताने की जरूरत है ? अच्छा यह बताइए, आपने सांस्कृतिक समारोहवाली जाँच रिपोर्ट पढ़ी या नहीं ?"

"जी नहीं।"

"लीजिए, यह रिपोर्ट। इसे रात-भर में पढ़ डालिए। कल मुझे वापस कर दीजिए। किसी से जिक्र बिल्कुल न करें, वर्ना ये लोग मुझे खा जाएँगे।"

"आप डायरेक्टर हैं—आप क्या अपने प्रशासन अधिकारी और विद्या परिषद के सचिव से सलाह भी नहीं ले सकते ?"

"नारायण साहब, जो मैंने दो साल में सीखा—उसे क्या आप पंद्रह-बीस दिन या महीने-भर में सीख लेंगे ? धीरे-धीरे आपको पता चलेगा कि प्रशासन यहाँ एक ऐसी ममी है जिससे प्रशासन के होने का बोध तो होता है परंतु वह कुछ कर नहीं सकता—करनेवाले वही लोग हैं, मौका लगते ही इस ममी को भी खोदकर फेंक दिया जाएगा। तब वे ही वे रह जाएँगे।"

विष्णु नारायण ने रिपोर्ट उल्टी-पल्टी।

निदेशक चलते हुए बोले, "देखिए, मैं फिर आपको निजी सलाह दे रहा हूँ कि आप इस झंझट को ज्यादा न बढ़ाएँ। हो सके तो उस ग्रुप से मिल-जुलकर चलें।"

"जी।" कहकर विष्णु नारायण चला गया।

कमरे की तरफ लौटते हुए उसे एकाएक कलवाली घटना का ध्यान आया, अगर कल रानी खो गई होती तो शायद न वह दफ्तर जाता और न यह सब-कुछ घटित हुआ होता ? इस प्रश्न पर उसने दोबारा सोचने का प्रयत्न किया तो वह अपने ऊपर चकित रह गया। आखिर वह यह सब सोचकर किस नतीजे पर पहुँचना चाहता था ? क्या वह चाहता था कि जो कुछ आज घटित हुआ उससे बेहतर था कि उसकी बेटी···? उसके रोंगटे खड़े हो गए। उसके हाथ कानों तक जाते-जाते रह गए। क्या किसी पिता ने अपनी इतनी प्यारी बेटी के लिए कभी ऐसा सोचा होगा ? उसकी

गर्दन धीरे-धीरे उसके अपने सीने पर लटकती जा रही थी। बल्कि कहना चाहिए सीने में घुटती जा रही थी। यहाँ तक कि उसकी ठुड्डी नुकीले पत्थर की तरह उसकी छाती को चीर रही थी।

वह कमरे में जाकर थोड़ी देर उसी तरह बैठा रहा। वह निरंतर अपने को कोस रहा था। उसने ऐसा सोचा ही क्यों ? अपने संघर्ष को बचाने के लिए, क्या वह एक पिता होकर, यह सब सोचने का मतलब समझता है ? अगर वह इतना ही डरता है और उसे अपनी नौकरी से इतना प्यार है कि वह उसके लिए अपनी नन्ही-सी बेटी को खोकर भी उसे बचाने की सोच सकता है तो उसे डूब मरना चाहिए। यह बात धीरे-धीरे उस पर इतनी हावी होती गई कि उसकी बेचैनी बढ़ने लगी। वह खड़ा होकर टहलने लगा।

क्यों नहीं निदेशक की सलाह मान लेता ? जाकर उन लोगों से सुलह कर ले और अपने-आपको उनको सौंप दे। नौकरी का मतलब क्या है ? इन्सान अपने काम के साथ आत्मसम्मान और स्पष्टवादिता जैसे अपने मजबूत पक्ष का भी बलिदान कर दे ! नौकरियाँ तो केवल काम और अपनी कार्यकुशलता बेचने के लिए की जाती हैं। लेकिन सेवायोजक शायद बिना कहे आत्मसम्मान और सही बात कहने की सामर्थ्य को भी खरीद लेता है। सेवायोजक ही नहीं बल्कि वे सब—जो उसे नुकसान पहुँचाने की स्शिति में होते हैं। विष्णु नारायण इस बिंदु पर आकर कुछ इस तरह उलझ गया था जैसे काँटों के झाड़ से गुजर रहा हो। हम इस पूरे तंत्र के हिस्सेदार क्यों नहीं हो सकते ? उत्तर में वह आप-ही-आप बमक उठा—यह गलत है, मैंने अपनी कार्यकुशलता के साथ-साथ अपना आत्मसम्मान नहीं बेचा। मैंने कोई ऐसी बात नहीं की जिसके लिए मुझे पश्चात्ताप करना पड़े···।

टेलीफोन पर बजर बजा। उसने उठाया। उधर से प्रो. दामोदर बोल रहे थे, ''उस आइटम का आपने क्या किया ?''

''किसका ?''

''जो हम कुछ देर पहले दे गए थे ?''

क्षण-भर के लिए विष्णु नारायण का चेहरा तमतमा आया। लेकिन आवाज को संतुलित करके बोला, ''अभी तो आप दे गए हैं—इतनी जल्दी उसमें क्या हो सकता था ?''

''आपसे मैं यह जानना चाहता हूँ कि आप उसे एजेंडा में सम्मिलित करेंगे या नहीं ?''

''इस बारे में मैं अभी क्या कह सकता हूँ—?''

"आप नहीं तो क्या मैं कहूँगा ?"

"आप तो कह चुके हैं–अब मुझे कहने का मौका दीजिए–"

"मैं आपसे यह अंतिम बार कह रहा हूँ कि इस आइटम को आप एजेंडा में ले लें; वर्ना हम लोगों की आपके प्रति किसी प्रकार की सहानुभूति नहीं रहेगी। यह बात मैं इसलिए कह रहा हूँ जिससे आप बाद में शिकायत न करें।"

विष्णु नारायण इस बात से अंदर-ही-अंदर काफी उत्तेजित हो गया। उसके मुँह से तत्काल निकला, "डॉक्टर साहब, आप तो एक एकेडेमिशियन हैं इसलिए मेरे पास आपकी बात से सहमत होने के अलावा कोई दूसरा रास्ता ही नहीं है। लेकिन यह बात मैं आपसे कह देना चाहता हूँ कि सहानुभूति उसी व्यक्ति के साथ की जाती है जो उसका पात्र हो–मैं अभी अपने को आपकी सहानुभूति का पात्र नहीं समझता। दूसरे, इस संस्थान में एक निदेशक है और मैं उसका मातहत हूँ–मुझे निदेशक महोदय से आदेश लेने होते हैं। अतः जब तक निदेशक महोदय के आदेश प्राप्त न हों तब तक मैं खामोश हूँ–"

डॉ. दामोदर ने अपना रिसीवर बीच में ही पूरे जोर के साथ पटक दिया।उसे लगा, डॉ. दामोदर ने उसे अँग्रेजी में कोई गाली भी दी है।

उसके बाद विष्णु नारायण डॉ. दामोदर का फोन बार-बार मिलाता रहा, पर वह व्यस्त था। लगता है लड़ाई की तैयारियाँ जोर-शोर से चल रही हैं। उसने यह भी सोचा कि अगर उसने पूछा भी कि क्या आपने मुझे गाली दी थी, तो क्या दामोदर उसे बताएगा कि हाँ उसने गाली दी थी ? और दी तो क्या दी ? वह काफी देर बेचैन रहा था। वह अनसुनी गाली भी उसके अंतर में तेज नोकवाले सूजे की तरह कभी कहीं चुभती थी और कभी कहीं। उसकी समझ में यह भी नहीं आ रहा था कि बुद्धिजीवी कहलानेवाले ये लोग बौद्धिक स्तर पर बात न करके गाली-गलौज पर क्यों उतर आते हैं ? खैर !

आँख बंद करके वह काफी देर तक अपने को शांत करता रहा। फिर उसने रोजमर्रा के कागजात देखने शुरू किए। दरअसल नया होने के कारण कई बार उसे दफ्तर के लोगों को बुलाकर समझना पड़ता था। ऐसा भी होता था कि वे लोग अपने स्टैंड को न्यायोचित बनाने के लिए उलट-सुलट समझा जाते थे। जब कभी उन लोगों की समझाई बात उसके पल्ले नहीं पड़ती थी तो वह लिखित क्वेरी भी कर देता था। उसकी क्वेरी से हलचल-सी मच जाती थी। सबसे पहली आपत्ति तो यही होती थी कि कल आया, आज क्वेरी करने लगा। दिमाग तो सही है ? यह राष्ट्रीय स्तर का संस्थान है कोई मदरसा नहीं। शुरू में तो वे लोग कुछ भी लिखकर भेज देते

थे लेकिन जब उस पर प्रश्नचिह्न लगने लगे तो उन्होंने सावधान होना शुरू कर दिया। सबसे ज्यादा बुरा श्री सक्सेना, तिरखे और मलकानी को लगता था। ये तीनों हमउम्र भी थे, जैसे ही कागज आता था उन तीनों की तत्काल बैठक होती थी और आगे की रणनीति तैयार की जाती थी। एक-आध बार श्री सक्सेना ने उसकी क्वेरी का श्री तिरखे से उल्टा-सीधा जवाब भी लिखाया था। विष्णु नारायण ने उसे काफी गंभीरता से लिया था। बुलाकर 'अप ऐंड डाउन' किया तो तिरखे ढीले पड़ गए थे। मलकानी अगर लिखता भी था तो उतना ही जो उसको परेशानी में न डाले। अगर बुला लो तो माफी भी माँग लेता था। जहाँ तक श्री सक्सेना का प्रश्न है वे हमेशा यह कोशिश करते थे कि विष्णु नारायण के प्रश्नों का जवाब अपने सहायक अधिकारी से दिलाएँ। एक-आध बार तो उसने चलने दिया था। लेकिन आज भी उसके सामने जब एक ऐसी ही पत्रावली आई तो उसका दिमाग थोड़ा गर्मा गया। थोड़ी देर वह उसे चुपचाप देखता रहा। उसके दिमाग में कई विकल्प आए। पत्रावली को वह निदेशक के पास भेज दे और उनका ध्यान इस बात पर दिलाए कि अपने से उच्च अधिकारी की क्वेरी का स्वयं जवाब न देकर अपने मातहत के द्वारा भिजवाया जाना कार्यालयी-परंपरा के विरुद्ध है। यहाँ तक कि उसे अग्रसारित भी नहीं किया गया। लेकिन यह बात उसे जँची नहीं। इससे उसकी कमजोरी ही ज्यादा नजर आएगी। फिर उसने सोचा कि यह लिखकर वापस कर दे कि मातहत अफसर की इस तरह सीधे टिप्पणी भेजना दफ्तरी-व्यवहार के विरुद्ध है। लेकिन उसने ऐसा न करके श्री सक्सेना को ही लिखा कि कृपया आकर स्वयं बात करें। देखें क्या करते हैं ? आना तो पड़ेगा ही। अगर आएँ तो तब की तब देखी जाएगी। विष्णु नारायण ने उस पत्रावली को लिफाफे में बंद करके उस पर 'तुरंत' की चिप्पी लगवाकर तत्काल भिजवा दिया।

इतना तो वह समझ ही गया था कि उसके इस लिखने पर काफी तीर-तुमार बँधेगा। थोड़ी ही देर बाद हुआ भी वही। सक्सेना का फोन आया, "मैं सक्सेना बोल रहा हूँ।"

"कहिए, सक्सेना साहब कैसे हैं ?"

उन्होंने उसके इस सवाल का जवाब नहीं दिया। बोले, "आपकी भेजी फाइल मिल गई–"

उसे लगा उनका वाक्य पूरा नहीं हुआ, अतः वह आगे सुनने की प्रतीक्षा में साँस रोके रहा। रुके रहे। कुछ देर बाद गुस्से से काँपती आवाज में बोले, "आप भी मेरे साथ उसी तरह का व्यवहार कर रहे हैं जैसे वर्मा साहब करते थे ! हालाँकि

वे उम्र में भी बड़े थे !"

विष्णु नारायण को झटका-सा तो लगा पर हँसकर कहा, "मुझे तो मालूम नहीं उनका आपके साथ क्या व्यवहार था—मैं तो आपको उम्र की दृष्टि से अपना बड़ा ही मानता हूँ। अतः कोई ऐसा-वैसा व्यवहार करने का सवाल ही नहीं उठता।"

"आपने इस फाइल पर आकर बात करने को लिखा है।"

"यह तो सरकारी काम है। इसमें तो आपको इतना भावुक नहीं होना चाहिए।"

"यह पत्रावली दफ्तर में जाएगी—दफ्तरवाले क्या सोचेंगे ?"

"क्या मैंने ऐसी कोई बात लिख दी है जो व्यवहार के विरुद्ध हो।"

"मैं आपका मातहत तो नहीं।"

इस बात पर विष्णु नारायण की आवाज हल्की-सी बदल गई, "सक्सेना साहब, बेहतर हो इस बात को न उठाएँ। मैं कुछ कहूँगा तो आप शायद और ज्यादा भावुक हो जाएँगे। हम लोगों को कार्यकारी संबंध तो रखना होगा।"

"मैं तो बात करने नहीं आऊँगा—आप चाहें तो अपने सहयोगी अधिकारी मिश्रा जी हैं, उन्हें भेज देता हूँ।"

"क्षमा करें मेरी मूल क्वेरी आपको संबोधित है—उन्होंने सीधे जवाब देकर संहिता के विरुद्ध काम किया है। अगर जवाब उन्हें ही देना था तो भी पत्रावली आपके माध्यम से आनी चाहिए थी। अगर आकर बात न करने के प्रश्न पर आप इतने भावुक हैं तो पत्रावली यहीं लिखकर भेज दीजिए।"

उधर से कोई जवाब नहीं आया। विष्णु नारायण कुछ देर रिसीवर हाथ में लिए रहा, फिर बोला, "आप कहें तो रिसीवर रख दूँ !"

जवाब में बिना कुछ कहे उन्होंने ही रिसीवर रख दिया।

विष्णु नारायण की नजर खिड़की से बाहर गई तो पेड़ का वह ठूँठ कुछ ज्यादा ही खूँखार और ऊँचा लगा। वह उठकर खिड़की के पास चला गया। उसने देखा—श्री सक्सेना बगल में कुछ दबाए उसी के पास से गुजर रहे हैं। खिड़की में खड़े-खड़े विष्णु नारायण को लगने लगा कि वह ठूँठ उसकी तरफ गर्दन घुमाने के उपक्रम में है। उसने घंटी बजाई। रामलखन बाबू आ गए। उसकी समझ में नहीं आया कि वह उससे क्या बात करे।

लकड़ी का वह ठूँठ दिखाकर बोला, "आपने कभी महसूस किया कि पेड़ का वह कटा हुआ तना शेर-जैसा लगता है ?"

"यह तो मैंने मार्क ही नहीं किया—" वह तत्काल अपने-आप ही बोला—"सक्सेना साहब…"

"कहाँ ? हाँ, हैं तो सही—लगता है कहीं जा रहे हैं।" उसने लखन बाबू के चेहरे की तरफ गौर से देखा।

"कहाँ जा रहे होंगे—डीन साहब के कमरे में जा रहे होंगे।"

"कौन डीन ? डीनों के सब दफ्तर तो इसी बिल्डिंग में हैं ?"

"डॉ. नवांश और डॉ. देसाई की लैब्स उधर ही हैं।"

विष्णु नारायण ने बिना कुछ बोले कंधे उचकाकर छोड़ दिए।

"आप माफ करें तो एक बात कहूँ—" पहले वह झिझका। विष्णु नारायण की नज़र उसी ठूँठ पर थी। एकाएक चील आई और क्षण-भर को उस पर रुकी और उड़ गई। उसके पंजों में कोई खाने की चीज दबी थी। या तो कोई वहाँ कुछ खा रहा होगा या रखकर कहीं इधर-उधर हो गया होगा।

उसने अपनी बात आगे बढ़ाई, "—आप सक्सेना साहब को नहीं जानते—देसाई साहब और नवांश साहब वगैरह से उनकी दाँत-काटी रोटी है। निदेशक साहब ने भी इनको दुश्मन बना लिया और आप भी..."

"मैं समझा नहीं ?"

"जी कुछ नहीं—" वह घबरा-सा गया और चला गया। विष्णु नारायण ने उसे रोकना ठीक नहीं समझा। सक्सेना साहब अकेले वापस लौट रहे थे। उनकी नजर उसके कमरे की खिड़की पर ही थी।

पगडंडी से गुजरते समय वे उस कुंदे का सहारा लेकर निकले। विष्णु नारायण को लगा जैसे वह उनका भी पालतू हो गया और छूते ही एकाएक ठंडा पड़ गया ?

विष्णु नारायण ने निदेशक द्वारा दी गई फाइल निकाल ली। हालाँकि अभी उसके पास काम काफी था। परंतु श्री सक्सेना के बारे में जो उसने सुना था और देखा था उसने उसे थोड़ा उचटा दिया था। वैसे भी वह उस पत्रावली को घर नहीं ले जाना चाहता था। दफ्तर की चीज घर से खो जाए तो आफत बरपा हो जाती है। दफ्तर के दफ्तर में रहे या वहाँ से जाए तो बात अलग होती है। वैसे भी वह हर समय अपने को दफ्तर का आदमी नहीं बनाए रखना चाहता। घर पहुँचकर वह घर का हो जाना चाहता है, क्योंकि घर ही एक ऐसा बंदरगाह होता है कि हजार लहरों के थपेड़े खाकर भी इंसान वहाँ पहुँचकर सुकून महसूस करता है। उससे बड़ा बंदरगाह ऊपरवाली आरामगाह है। यात्रा की पूरी जद्दोजहद के बाद वहाँ पहुँचकर इंसान को सर्वांग रूप से समर्पित हो जाना पड़ता है। विष्णु नारायण को लगा शायद यह बात अपने-आप ही पहली बात में से निकल आई। फिलहाल तो वह इसी दुनिया के इकलौते घर की बात कर रहा था। चूँकि इस पत्रावली को वहाँ ले

जाकर वह अपने घर के घरऊपन को खंडित नहीं करना चाहता था।

उसने निदेशक द्वारा दी गई पत्रावली को मेज पर इस तरह जमा लिया जिससे अन्य कोई भाँप न सके, वह कोई ज्यादा मोटी पत्रावली नहीं थी। चंद कागज थे और एक रिपोर्ट थी। रिपोर्ट भी आधे पृष्ठ की।

सबसे पहले उसने शिकायत पढ़ी। जो किसी लड़की के पिता ने निदेशक को भेजी थी। उसमें लिखा था, "कल बाईस सितंबर को छात्र यूनियन की 'म्यूजिकल नााइट' का आयोजन हुआ, लोगों का कहना है कि हमेशा यह आयोजन पंडाल में किया जाता था, लेकिन इस बार एक छात्रावास के क्वाड्रेंगिल में किया गया। छात्रावास में इस तरह का आयोजन करना परंपरा और नियम दोनों के विरुद्ध है। यह एक ऐसी घटना है जिसके कलंक को धोया नहीं जा सकता। मुझे आश्चर्य है कि इस संस्थान के अधिकारी सोते कैसे रहे ! यह म्यूजिकल नाइट कोई साधारण म्यूजिकल नाइट नहीं थी। 'वेस्टर्न म्यूजिक और डांस' की रात थी। हम यह तो जानते हैं कि आपके अध्यापक अमेरिका या अन्य आधुनिक देशों के उत्पाद हैं और वहीं से पढ़कर आते हैं और आपके अधिकतर छात्र भी वहीं भेजे जाने के लिए तैयार किए जाते हैं, परंतु यह नहीं जानते थे कि आप अपने छात्रों को पढ़ाई की दृष्टि से तो उन देशों के अनुरूप बनाते ही हैं—सभ्यता और सामाजिकता की दृष्टि से भी वहीं का पाठ पढ़ाते हैं।

—22 सितंबर की रात को जो हुआ वह एक आँख खोलनेवाली घटना थी। लेकिन मुझे लगता है कि इस देश में कोई घटना किसी की आँखें नहीं खोल सकती। आपके यहाँ तो लड़के-लड़कियों के बीच निषेधमुक्त वातावरण है। मैं हमेशा इस बात का बहुत बड़ा समर्थक रहा हूँ। लेकिन अब मुझे भी अपने ऊपर शक होने लगा है—कि मैं कितना गलत था ! अन्य शिक्षा संस्थाओं से जो लड़के-लड़कियाँ इस समारोह में हिस्सा लेने आए थे वे भी यहाँ के वातावरण में बुरी तरह रंग गए थे। हालाँकि संरक्षकों, माता-पिताओं और अध्यापकों को उसके अंदर जाने की इजाजत नहीं थी। पर मैं अपनी बेटी के साथ आ गया था। चूँकि मुझे अंदर नहीं जाने दिया गया इसलिए मैं बाहर ही बैठ गया। मैं किसी को क्या दोष दूँ ? मैं अपनी बेटी को ही जाने से नहीं रोक सका तो दूसरों के बच्चों को कुछ भी कहना अनधिकार चेष्टा होगी।

—रात एक बजे तक वहाँ पाश्चात्य संगीत चलता रहा। वैसे आपके यहाँ के लड़के सभ्य हैं। उन्होंने मुझे बाकायदा एक कमरे में टिका दिया था। लेटने के लिए पलँग भी था। मैं वहाँ सुन सब कुछ सकता था पर देख नहीं सकता था। एक बिंदु

पर मुझे लगा कि संगीत इतना तेज और गर्म है कि मैं पचपन वर्ष से अधिक का अधबूढ़ा आदमी तक बेचैनी अनुभव करने लगा हूँ।

—लड़के-लड़कियाँ बिल्कुल हिस्टीरिक होकर शोर मचा रहे थे। मुझे डर भी लगा। मैं निकलकर दूसरी तरफ बरामदे में आ गया। एकाएक शोर मचा। कुछ लड़के जो संभवतः शहरी थे और 'पास' न होने के कारण बाहर रोक दिए गए थे, जबरदस्ती अंदर घुस गए। बिजली गुल कर दी गई और अजब भगदड़-सी मच गई। जिस लड़की को जहाँ से रास्ता मिला वह उसी रास्ते से भागी। मैं भी दौड़कर सामने आ गया। माफ कीजिए, मुझे सबसे ज्यादा चिंता अपनी बेटी की ही थी। हालाँकि वहाँ उस-जैसी अनेक बेटियाँ थीं। मैंने देखा कुछ लड़के बाहरवाले लड़कों को रोकने की कोशिश कर रहे हैं। कुछ लड़के लड़कियों को जबरदस्ती पकड़ रहे हैं। उस समय मेरा सारा आधुनिक बोध मिट्टी में मिल गया। बेटी का सवाल था ना ! उस समय मैंने महसूस किया कि मैं कितना पुरानपंथी हूँ। शायद संतान के मामले में आधुनिक से आधुनिक पिता पुरानपंथी हो जाता है। बेटी का नाम लेकर पुकारा—पुकारता ही चला गया—एक बार कहीं से शायद हल्की-सी आवाज आई—जैसे कहीं दबी हो—डैडी ! मैं उधर दौड़ा। एक कमरा बंद था और अंदर धमा-चौकड़ी मची थी। मैंने वहाँ भी पुकारा—बस, एक जोर की चीख आई—बचाओ। मैं दरवाजा पीटता रहा—बेटी का नाम लेकर आवाज देता रहा—उसके बाद मुझे अपनी बेटी की आवाज सुनाई नहीं पड़ी। मैं भागता रहा···। थोड़ी देर बाद सिवाय कुछ लड़कों के जो स्थिति को सँभालने की कोशिश कर रहे थे, वहाँ कोई नहीं बचा था। वे भागते-दौड़ते सुनाई पड़ रहे थे। दिखे इसलिए नहीं—क्योंकि बिजली तब तक भी नहीं आई थी। किसी को भी पहचानना मुश्किल था।

—निदेशक महोदय, मैं छात्रावास से बाहर निकल आया। वहाँ सड़क की रोशनी थी। मैंने देखा—कुछेक लड़कियाँ सड़क पर जान बचाकर भाग रही हैं और कुछ लड़के शिकारी कुत्तों की तरह उनके पीछे दौड़ रहे हैं। जितनी ताकत मुझमें थी, उनके पीछे भागा—लेकिन वे लोग जवान थे। मैं अधबूढ़ा। थोड़ा आगे जाकर मैंने देखा कि उन भागती हुई लड़कियों की एड़ियों पर उन लड़कों ने अपने बूटों से ठोकर मारी और वे गिर गईं—फिर क्या हुआ—अगर आप देख सकते तो देखते—आप लोग तो तब अपने बँगलों में गहरी नींद में सो रहे होंगे। मैं जब तक वहाँ पहुँचा लड़कियों के कपड़े फट चुके थे···

—आगे शायद कुछ कहने के लिए नहीं बचा, कहकर मैं करूँगा भी क्या ? मेरी बेटी—उसके बारे में न ही कहूँ तो अच्छा है—मैं पिता हूँ—पता नहीं क्या कर बैठूँ।

आप उनकी भी तो सोचिए जो लड़कियाँ आपकी जिम्मेदारी पर—इतनी दूर से—आपके संस्थान के इस समारोह में हिस्सा लेने आई थीं—उनका क्या हुआ होगा ? मुझे लगता है कि हम सोचते हैं हमारे बच्चे इतने बड़े संस्थानों में जाकर बेहतर आदमी बन रहे हैं—लेकिन कैसे कहूँ कि यह हमारी खामख्याली है, झूठ है, फरेब है। आप सब विदेशों को निर्यात करनेवाली दुकानें लगाकर बैठे हुए इन बच्चों के सौदागर हैं।"

पिता ने अपना नाम और पता कुछ नहीं लिखा था। अंत में केवल यही लिखा हुआ था 'अभागा पिता'। इस पत्र को डीन नं. तीन यानी कुट्टी साहब को भेजा गया था। उन्होंने उस पर एक टिप्पणी लिखवाकर वापस निदेशक के पास भेज दिया था। टिप्पणी में लिखा था, 'यह घटना दुःखद है। छात्र अध्यक्ष और सांस्कृतिक मंत्री को बुलाकर बात की गई तो पता चला कि वहाँ गड़बड़ अवश्य हुई। वह भी इसलिए हुई क्योंकि बिजली चली गई थी। बिजली का जिम्मेदार इलेक्ट्रिक मेंटीनेंस विभाग है। कुछ गुंडे शहर से भी आए थे जिन्हें छात्रों ने अंदर नहीं घुसने दिया था। बिजली जाते ही वे लोग अंदर घुस आए और तोड़-फोड़ शुरू कर दी। जहाँ तक महिला छात्राओं का प्रश्न है उनमें से कुछ को कमरों में पहुँचा दिया गया था। बाकी को छात्रों ने घेरा डालकर बीच में सुरक्षित कर लिया था। चूँकि यह पत्र अज्ञात व्यक्ति द्वारा भेजा गया है—हो सकता है कि बदनाम करने की साजिश से ही लिखा गया हो—गर्ज कि इस चिट्ठी का नोटिस लिया जाना उचित नहीं होगा। बेहतर यही होगा कि इस पत्र को फाइल कर दिया जाए—यह सभी के हित में है।' नीचे कुट्टी साहब ने उस नोट पर केवल 'अग्रसारित' लिखा था और हस्ताक्षर करके निदेशक को भेज दिया था।

एक गोपनीय पत्र भी लगा था। वह एल. आई. यू. की रिपोर्ट के आधार पर किसी पुलिस अधिकारी ने लिखकर भेजा था। उसमें केवल तीन-चार पंक्तियाँ थीं—22 सितंबर को जो म्यूजिकल नाइट मनाई गई—उसके बारे में गोपनीय रिपोर्ट के प्रासंगिक अंश संलग्न हैं। उससे पता चलता है कि वहाँ कुछ छात्रों ने लड़कियों के साथ अभद्र व्यवहार किया। आपके प्रशासन के लोग वहाँ उस समय मौजूद नहीं थे। रिपोर्ट के ये अंश आवश्यक कार्यवाही हेतु भेजे जा रहे हैं। अपने स्तर पर की गई कार्यवाही से अधोहस्ताक्षरकर्ता को भी अवगत कराएँ।

तीसरे नंबर पर किसी संसद सदस्य द्वारा संसद में पूछा गया प्रश्न नत्थी किया गया था। मंत्रालय ने उस प्रश्न के बारे में संस्थान से सूचना माँगी थी। सवाल था कि क्या शिक्षा मंत्री जी बताएँगे कि—राष्ट्रीय स्तर के शिक्षा संस्थान में 22 सितंबर

की रात को 'संगीत-यामिनी' का जो आयोजन किया गया था, उसमें अनेक लड़के-लड़कियों ने भाग लिया। कुछ लड़कों ने लड़कियों के साथ अभद्र व्यवहार किया—सरकार ने उस पर क्या कार्यवाही की ?

संस्थान द्वारा उसका एक बहुत साधारण-सा उत्तर मंत्रालय को भेज दिया गया था, 'यह सही है कि संस्थान के छात्रों के द्वारा हमेशा की तरह संगीत का एक आयोजन किया गया था। अचानक बिजली गुल हो जाने के कारण कुछ बाहरी अराजक तत्त्वों ने घुसकर वहाँ पर उपस्थित महिलाओं से छेड़-छाड़ की। लेकिन तत्काल स्थिति को सँभाल लिया गया। किसी भी छात्र या उसके संरक्षक की ओर से किसी तरह की कोई शिकायत प्राप्त नहीं हुई।'

संसद में मंत्रीजी द्वारा दिए गए जवाब की प्रतिलिपि भी लगी थी। मंत्रालय द्वारा वह जवाब संस्थान द्वारा भेजे गए उत्तर के आधार पर ही तैयार किया गया था। अलबत्ता एक वाक्य उसमें और जोड़ दिया गया था—मंत्रालय ने घटना की जाँच के लिए संस्थान के निदेशक से आग्रह किया है। उस पर एक पूरक प्रश्न भी किया गया था। क्या मंत्रालय अपनी टीम भेजकर इस घटना की जाँच स्वयं नहीं करा सकता ? इसके उत्तर से मंत्रीजी ने कहा था कि संस्थान स्वायत्तता संपन्न संस्था है। छात्रों के अनुशासन का काम विद्या परिषद द्वारा देखा जाता है। मंत्रालय संस्थान की स्वायत्तता में दखलअंदाजी नहीं कर सकता।

चूँकि मंत्रीजी ने संसद को आश्वासन दिया था, अतः विद्या परिषद की छात्र अनुशासन समिति को जाँच का काम सौंप दिया गया। छात्र अनुशासन समिति ने यह काम एक दूसरी उप-समिति के सुपुर्द कर दिया। उसकी एक अधूरी रिपोर्ट पत्रावली पर लगी थी। उसे पढ़कर विष्णु नारायण ने माथा पीट लिया। वह रिपोर्ट उस रिपोर्ट के ऊपर थी जो उप-समिति ने विद्या परिषद की छात्र अनुशासन समिति के सामने पेश की थी। उसमें लिखा था कि अनुशासन समिति द्वारा नियुक्त उप-समिति ने अपनी रिपोर्ट यथासमय छात्र अनुशासन समिति के अध्यक्ष के सामने पेश कर दी थी। अनुशासन समिति ने उस पर दिसंबर के अठारहवें दिन हुई बैठक में विचार किया। लेकिन छात्र अनुशासन समिति किसी निर्णय पर नहीं पहुँच पाई। छात्र अनुशासन समिति की कार्यवाही का अंश भी उद्धृत किया गया था।

'विद्या परिषद छात्र अनुशासन समिति किसी निर्णय पर नहीं पहुँच पा रही है। इसका कारण यह है कि छात्र अनुशासन समिति और छात्र यूनियन के बीच के आपसी संबंध क्या होंगे इसका कोई स्पष्टीकरण उपलब्ध नहीं। अतः यह संभव नजर नहीं आता कि छात्र अनुशासन समिति इस रिपोर्ट पर कोई निर्णय ले सकेगी।

विद्या परिषद से निवेदन है कि वह इस मामले पर सीधे विचार करे। यह नियम विरुद्ध किया गया आयोजन एक गंभीर मामला है और छात्र समुदाय के अनुशासन के लिए चुनौती है।'

सबसे अधिक आश्चर्य था कि मूल रिपोर्ट पत्रावली से नदारद थी। विष्णु नारायण तत्काल निदेशक के पास गया। निदेशक के पास कुछ लोग बैठे थे। उसने झाँका। निदेशक ने पता नहीं देखा या नहीं, लेकिन उसने तवज्जो नहीं दी। वह बाहर निकल आया। उसके सामने सबसे बड़ी परेशानी यह थी कि वह इस बात को निदेशक की नोटिस में ला दे कि उप-समिति की रिपोर्ट पत्रावली से गायब है। वह इस बात से भी डर रहा था कि अगर उसने कल आकर यह बात बताई तो हो सकता है कि बात उसके सिर पड़ जाए।

निदेशक के पी. ए. चंद्रकुमार पहले तो उसे देखता रहा फिर आकर बोला, "सर, कोई खास बात है क्या ?"

"जरा निदेशक से बात करनी थी—कुछ ज़रूरी काम था।"

"अंदर चले जाएँ—।"

"कुछ लोगों से बात कर रहे हैं !"

"अरे साहब, आप नहीं जानते—छात्र अनुशासन समिति के अध्यक्ष और सदस्य हैं, जो म्यूजिकल नाइटवाला मामला विद्या परिषद में आने को है ना ! आप तो वैसे भी विद्या परिषद के सेक्रेटरी हैं, आपसे क्या परहेज।"

"फिर तो मुझे और नहीं जाना चाहिए—"

विष्णु नारायण लौटते हुए बोले, "जैसे ही खाली हो जाएँ वैसे ही पूछकर मुझे खबर कर दें।"

चंद्रकुमार पीछे-पीछे हो लिया। विष्णु नारायण को उसके पीछे-पीछे आने का अंदाज था, पर वह अनदेखा करता रहा। कमरे के दरवाजे पर पहुँचकर उसे मुड़कर उधर देखना पड़ा तो पूछा, "अरे आप, कहिए, क्या बात है ?"

"सर, आपने उस बात पर विचार किया ?"

विष्णु नारायण ने अनजान बनते हुए कहा, "किस बात पर ?"

"वही—डॉ. देसाईवाली बात के बारे में !"

"क्यों ? आप इसमें रुचि क्यों ले रहे हैं ?"

"ऐसी कोई बात नहीं—मैंने सोचा कि यहाँ जो भी व्यक्ति इस पद पर आता है, वही ऐसी दलदल में फँसता है कि निकलना मुश्किल हो जाता है। अगर आप इससे बचे रहें तो बेहतर है।"

"उनसे मिलकर भी क्या गारंटी है कि दलदल से बच पाऊँगा।"

"यह तो आप ठीक कहते हैं—मेरा कहने का मतलब था—सक्सेना साहब हैं—बड़े मजे में हैं। सिर्फ इसीलिए कि इन लोगों की उन पर कृपा है।"

विष्णु नारायण पहले ही से थोड़ा अस्थिर था। इस बात से वह कुछ ज्यादा ही अस्थिर हो गया। उसने नजरें तिरछी करके पूछा, "आप यह बात अपनी तरफ से कह रहे हैं या उन लोगों में से किसी ने कहलाई है ?"

"कहा किसी ने नहीं—आपको देखकर लगा अपने घर के से आदमी हैं, हमने सोचा कि यहाँ कोई किसी को सही राय नहीं देता—इसलिए चलकर वास्तविकता से अवगत करा दूँ। बस, और कोई बात नहीं—बल्कि एक-दो दिन पहले ही नवांश साहब भी कह रहे थे—वैसे आदमी शरीफ हैं—कहीं राजनीति में न पड़ जाएँ—और नुकसान उठा जाएँ।"

विष्णु नारायण ने जरा जोर से पूछा, "डॉ. नवांश ने मेरे बारे में आपसे यह कहा ?"

"जी मेरा मतलब था—वे आपकी तारीफ कर रहे थे।"

"यह बात भी आप ही ने उन्हें बताई कि जेनेरेटर में निदेशक ने आपके माध्यम से खाया।"

चंद्रकुमार का चेहरा फक्क पड़ गया। उसके होंठ पटपटाने लगे, "जी नहीं, मैंने तो कुछ नहीं कहा !"

"तो फिर यह बात फैली कैसे ?"

"वो साहब ने मुझे भेजा था—"

"भेजने का मतलब यह तो नहीं—मिस्टर चंद्रकुमार, मुझे लगता है कि आप यहाँ कि राजनीति में पूरी तरह डूबे हुए हैं—"

एकाएक बजर बजा। निदेशक बोल रहे थे। विष्णु नारायण ने कहा, "आप जाइए।"

वह कुछ कहना चाहता था पर विष्णु नारायण की नजरों के सामने वह खड़ा नहीं रह सका।

निदेशक ने पूछा, "आप कैसे आए थे ? उस समय डॉ. टीटमकर बैठे थे—छात्र अनुशासन समिति के अध्यक्ष।"

"जी उसी सिलसिले में मैं भी आया था—फाइल में उप-समिति की रिपोर्ट तो है ही नहीं ?"

"मुझे मालूम है। उसी को माँगने के लिए मैंने उन्हें बुलाया था।"

"हाँ, बिना उस रिपोर्ट के तो कुछ हो भी नहीं सकता।"

"लेकिन वे लोग उस रिपोर्ट को देने के लिए तैयार नहीं। उनका कहना है कि छात्र यूनियन, विद्या परिषद की छात्र अनुशासन समिति से अपने को बिल्कुल अलग मानती है। जब तक इन दोनों का परस्पर रिश्ता तय नहीं हो जाता तब तक इस रिपोर्ट को शाया नहीं किया जा सकता–"

"लेकिन रिपोर्ट का आना तो आवश्यक है, सर ?"

"मेरी और आपकी नजर में ही तो–उनका तो कहना है कि अनुशासन समिति द्वारा वह उप-समिति नियुक्त की गई थी–जब उसके अधिकार पर ही प्रश्नचिह्न लगा दिया गया तो फिर समिति अपनी उप-समिति की रिपोर्ट उजागर करके अपनी और छात्रों की छीछालेदर नहीं कराएगी। दरअसल मुझे पता चला है–इसमें इन्हीं लोगों के बच्चे फँसे हैं–जिन लोगों को फँसाना चाहते थे वे साफ बच गए। डॉ. टीटमकर भी उन्हीं में हैं, अतः इन लोगों ने ही लड़कों से यह सवाल उठवा दिया। लड़के तो लड़के ही हैं, वे इस खेल को नहीं समझ रहे।" एकाएक बोले, "मैं फोन बंद करता हूँ।" शायद कोई आ गया था।

विष्णु नारायण की समझ में नहीं आ रहा था कि विद्या परिषद इस मामले पर क्या और कैसे बातचीत करेगी। बिना आधार के किसी ऐसे मुद्दे पर बात करने का मतलब है हवा में बात करना। कोई भी छात्र खड़ा होकर कह सकता है कि उन्हें बदनाम करने की साजिश की जा रही है। उसने पत्रावली को फिर उलट-पुलट कर देखा। कमेटी के सदस्यों के नाम एक पुरजे पर लिखे फाइल में अनौपचारिक ढंग से लगे थे। वे सबके सब छात्रावास के वार्डन और वरिष्ठ अध्यापक थे। वार्डन काउंसिल भी तो विद्या परिषद के अंतर्गत ही आती है ? फिर यह सवाल कैसे उठ गया ? उसे निदेशक की बात ठीक लगी।

रामलखन बाबू कोई कागज लेकर अंदर आए तो विष्णु नारायण को सूझा, हो सकता है उसे कुछ पता हो। निदेशक महोदय भी उनका लोहा मानते हैं। उसकी जिज्ञासा निरंतर बढ़ रही थी। वह चंद्र कुमार से ही पूछ सकता था। लेकिन उसके द्वारा बात फैल सकती थी। वैसे भी वह उसे कुछ ही समय पहले फटकार भी चुका था। उसने रामलखन बाबू से पूछा, "रामलखन बाबू, आज निदेशक महोदय जिक्र

कर रहे थे कि यहाँ कोई 'म्यूजिकल नाइट' हुई थी—उसकी रिपोर्ट विद्या परिषद में विचारार्थ रखी गई है—जरा वह रिपोर्ट ले आइए।"

वह खड़ा रहा, "रिपोर्ट !"

"हाँ, क्यों ?"

"रिपोर्ट है कहाँ सर ! माफिया ग्रुप ने दी ही कहाँ ?"

"माफिया ग्रुप—क्या मतलब ?"

"वह जो ग्रुप है—सवेरे आपके पास आया था—उसी को लोग माफिया ग्रुप कहते हैं। जिससे नाराज हो जाता है उसे सीट पर से हटाने का हर हथकंडा अपनाता है। इसीलिए कह रहा था—।"

विष्णु नारायण हँस दिया, "कि मैं होशियार रहूँ।" फिर रुककर बोला, "खैर, तब की तब देखी जाएगी। लेकिन बिना रिपोर्ट के विद्या परिषद विचार किस बात पर करेगी ?"

"सर, दरअसल बात तो यह है कि उस रिपोर्ट के बारे में संस्थान का बच्चा-बच्चा जानता है। वैसे ऑफिसियल तौर पर किसी को कुछ पता नहीं। अनॉफिसियल कॉपी तो, आप कहें, मैं आज ही दे दूँ—पर उसका नोटिस तो नहीं लिया जा सकता !"

विष्णु नारायण हँसकर बोला, "विद्या परिषद की मीटिंग में जाने से पूर्व उसका ज्ञान तो होना ही चाहिए—"

"तो मैं उनकी एक कॉपी आपको आज ही ला दूँगा—"

"लेकिन ये लोग औपचारिक रूप से उस रिपोर्ट को क्यों नहीं देना चाहते ?"

"उसमें इन्हीं लोगों के लड़के-लड़कियाँ फँसे हैं—आप पढ़ेंगे तो स्वयं समझ जाएँगे।"

विष्णु नारायण को लगा जैसे उसका सिर घूम गया। जमीन से लुढ़ककर पाताल में चला गया। रामलखन बाबू बोले, "हमने तो सुना है कि खुद टीटमकर साहब की बेटी, जिसे महीने-भर के अंदर ही उन्होंने अमेरिका भेज दिया था, उस ग्रुप की सरगना थी जिसने रात को ऊधम मचाया था।"

"लेकिन यह कैसे हो सकता है ? लड़कियों के साथ लड़कों ने बदतमीजी की—लड़की ही कैसे सरगना हो सकती है ?"

रामलखन बाबू उसकी हर बात पर ऐसे मुस्कराता था जैसे कोई बच्चा आरंभिक सवाल पूछ रहा हो। वह बोला, "सर, हमने सुना है जिस कमरे में लड़कियों को बंद करके यह सब हो रहा था—मिस टीटमकर मेज पर खड़ी होकर उसे देख रही थी—यहाँ तक कि वह अपने कपड़े उतारकर नाच रही थी—उसके चमचे दूसरी

लड़कियों को नंगा कर रहे थे—बेचारीं निर्दोष लड़कियाँ चिल्ला रही थीं—हमें बचाओ, हमें बचाओ—आखिर में डॉ. बोकिस की बेटी थी—सुना है उन्होंने बेनामी कंपलेंट भी की थी। अंत में यूनियन का तत्कालीन प्रेसीडेंट अपने साथियों के साथ दरवाजा तोड़कर अंदर घुसा था—यहाँ तक कि उसने मिस टीटमकर के कसकर चपत भी रसीद किया था।''

''तो फिर प्रेसीडेंट क्यों नहीं कहता ?''

''जाँच समिति के सामने उसने और उसके साथियों ने सब-कुछ बता दिया—''

विष्णु नारायण ने बीच में बात काटकर पूछा, ''तुम किस कंपलेंट की बात बता रहे थे—वे कौन थे—क्या वे भी गए थे—''

''वे तो अगले दिन ही अपनी बेटी को लेकर छुट्टी पर चले गए—बाद में घर से त्याग-पत्र भेज दिया।''

''वह कंप्लेंट कहाँ है ?''

''पत्रावली में ही होगी—उनकी बेटी ने जिद की तो वे म्यूजिकल नाइट दिखाने स्वयं लेकर गए थे। एक बार कपड़े उतर जाने के बाद जब हुड़दंग मचता है, उससे न कोई बाप बचा सकता है और न भाई।''

विष्णु नारायण के दिमाग ने जैसे काम करना एकाएक बंद कर दिया। रामलखन बाबू को उसने हाथ के इशारे से चले जाने के लिए कहा। पहले तो उसे आश्चर्य हुआ। वह चला गया। धीरे-धीरे वह अपने अंदर से उमड़ती एक ऐसी भँवर की गिरफ्त में आता जा रहा था कि वह अपनी नजर में स्वयं चिट्ठी लिखनेवाला प्रोफेसर ही गया था। क्या उसकी बेटियाँ इतनी बड़ी हो गईं ? फिर उसे लगा कि एक-एक करके बहुत से लड़के इकट्ठे हो गए हैं—सबकी पतलूनें बच्चों के सुतनों की तरह बीच से फटी हैं—वे अश्लील इशारे ही नहीं कर रहे बल्कि साकार अश्लीलता ही गए हैं। वह उन पर जोर से चिल्लाता है। लेकिन उसकी आवाज नहीं निकल पाती। वह मिनमिना रहा है। उसकी मिनमिनाहट कोई नहीं सुन रहा। वे और जोर-जोर से चिल्लाने और नाचने लगते हैं। वह उन्हें मारने के लिए दौड़ता है। उसके हाथ में डंडा है। वह उसे घुमा रहा है। वह घूमता हुआ डंडा किसी को छू तक नहीं पाता। बार-बार उसे ही चुटहिल कर देता है। वे उस पर टूट पड़ते हैं और उसे रौंद डालते हैं। उसके मुँह से एकाएक निकलता है—बच्चियाँ !···अपने संबोधन पर वह खुद ही चौंक पड़ा। उसे अजब-सा लगा। उसने एक्सटेंशन उठाकर रामलखन बाबू से कहा, ''आप रिपोर्ट की कॉपी मुझे आज ही ला दें—'' और रख दिया।

उसके बाद भी वह काफी देर तक अपनी और उस प्रोफेसर की फाइल देखता

रहा। उसने पत्रावली खोलकर उस चिट्ठी को दोबारा पढ़ा। एक वाक्य उसमें लिखा था जो अब एकाएक ज्यादा अर्थवान हो गया था—इस तरह की शिक्षा संस्थाओं से जुड़ा हुआ कोई आदमी तभी तक अपनी आस्था और विश्वास बनाए रख सकता है जब तक वह उनकी दरिंदगी का शिकार नहीं होता—मैं ही नहीं पूरा मुल्क आज इस तरह की संस्थाओं के वहशीपन का शिकार है। मेरी समझ में नहीं आता कि इन संस्थाओं की जड़ें कहाँ हैं—धरती में या आसमान में या और कहीं ? क्या वास्तव में इस चिट्ठी को लिखनेवाला इसी संस्थान का वही अध्यापक था ? वह इस तरह हार मानकर क्यों चला गया ? क्यों नहीं वह सामने आकर लड़ा ? भले ही मर जाता ? उसको अब क्या खोना था—जो खो सकता था वह तो खो ही चुका था—कम-से-कम और लोग तो इस दहशत से बच सकते थे—।

उसके पास अपने ही उन सवालों का कोई संतोषप्रद उत्तर नहीं था। वह वहाँ आकर और भी ज्यादा भटक गया। सोच के स्तर पर भी और मन के स्तर पर भी। क्या उसे निकल चलना चाहिए ? निकल तो सकता है लेकिन वह अपने से ही हार जाएगा। अपने से हारना दुनिया से हारने से ज्यादा खतरनाक होता है। वह इस खतरे को उठाने के लिए कतई तैयार नहीं था।

उसे तब ज्यादा आश्चर्य हुआ जब दफ्तर से उठने के पूर्व रामलखन बाबू एक अनहस्ताक्षरित रिपोर्ट लेकर उसके सामने मौजूद थे। वह शायद चौथी प्रति थी। काफी दिन पहले टाइप की गई थी। रामलखन बाबू ने पूछने पर भी यह नहीं बताया कि वह प्रति उसे कहाँ से मिली ? यह कहकर टाल दिया कि—सर, किसी पुराने लड़के के पास थी। वह यह नहीं चाहता कि उसका नाम बताया जाए। वह यहाँ पी-एच. डी. कर रहा है। अगर यहाँ के अध्यापक वर्ग को पता चल गया कि यह रिपोर्ट उसके माध्यम से मिली है तो वह जिंदगी भर पी-एच. डी. नहीं कर पाएगा। यहीं से नहीं बल्कि किसी भी अन्य संस्था से। क्योंकि यहाँ के लोगों की दादागिरी इस तरह की हर संस्था में चलती है।

विष्णु नारायण ने बात आगे नहीं बढ़ाई। वह थोड़ी देर खड़ा रहा फिर चला गया। विष्णु नारायण उसे धन्यवाद तक कहना भूल गया था। हालाँकि यह उसकी आदत में था। वह एक अजीबोगरीब रिपोर्ट थी। आधे सदस्य एक वर्ग को दोषी ठहरा रहे थे और बाकी लोग, जो ज्यादा प्रभावशाली थे, दोषी ठहराए गए लोगों को बचाने में लगे थे। एक वर्ग ने अनुशासन समिति के चेयरमैन की बेटी मिस टीटमकर को नाम लेकर खुले रूप से उस घटना के लिए जिम्मेदार ठहराया था। साफ-साफ कहा था कि वह लड़की मानसिक रूप से विकृत थी। वह दूसरी लड़कियों

को फाँसकर उनके साथ होनेवाले बलात्कार का विकृत आनंद लेती थी। उसके साथ कुछ लड़कों का ग्रुप था जो उसकी इस ठरक को पूरी करने में मदद देता था। क्योंकि वह इस संस्थान के एक वरिष्ठ और शक्तिशाली सदस्य की बेटी है और सुंदर भी है, इसलिए छात्र उसके कृपाकांक्षी बनना चाहते हैं। जिन-जिन लड़कों के नाम उसमें दिए गए थे उनके पतों से ऐसा लगता था कि उनमें से दो तो संस्थान के समादृत अध्यापक से संबंधित थे और बाकी लड़कों में एक सुप्रीम कोर्ट के जज का बेटा था–दूसरा एक ब्रिगेडियर का बेटा था–तीसरा एक स्वनामधन्य भू. पू. केंद्रीय मंत्री का बेटा था। इसके अलावा कई और लोग थे जो पूंजीपतिनुमा लोगों के परिवार से जुड़े थे। उनमें से दो लड़कों पर संस्थान के एक अध्यापक की कार चुराकर ले जाने और ऐशोशरत के बाद किसी अनबूझी जगह पर लावारिस की तरह छोड़ आने का आरोप था। उस रिपोर्ट के अनुसार, म्यूजिकल नाइटवाली रात को ब्रिगेडियर के बेटे ने बिजली का फ्यूज उड़ाया था। उन्हीं लोगों ने अपने साथियों को शहर से आमंत्रित किया था। लेकिन बाद में भले और जिम्मेदार लड़कों ने उन्हें अंदर दाखिल नहीं होने दिया था। वे बुरी तरह से शराब पिए थे। बाहर खाली बोतलें भी मिली थीं। बिजली बंद होते ही ऊधम मच गया था। इस वर्ग ने उस पत्र का भी नोटिस लिया था जो बेनाम था और पता नहीं कैसे उस पत्रावली पर आ गया था। इस बात का स्पष्ट संकेत था कि किसी सम्मानित व्यक्ति ने आहत होकर अंतर्मन की पीड़ा व्यक्त करने के उद्देश्य से वह पत्र लिखा था। बाद में इस संस्थान के लोगों की इस बेरुखी की वजह से त्यागपत्र देकर अपने परिवार को लेकर अन्यत्र चला गया। यह परिसर समुदाय के लिए लज्जा की बात है !

दूसरे वर्ग ने भी उस रिपोर्ट पर अपनी टिप्पणी लगाई थी। उसने यह सिद्ध करने का प्रयत्न किया था कि जिस लड़की का नाम रिपोर्ट के पूर्वार्ध में लिया गया है, वह लड़की उन दिनों अपने संबंधियों के यहाँ महाराष्ट्र गई हुई थी। उसका टिकट नंबर तक सबूत में पेश किया गया था। उनका कहना था कि वह एक सम्मानित प्रोफेसर के ऊपर कीचड़ उछालने का घृणित प्रयास है। शेष लड़कों को भी इस आधार पर निर्दोष माना गया था कि वे सब ऊँचे परिवारों के अच्छे संस्कारवाले बच्चे हैं। उनकी पूरी शिक्षा पब्लिक स्कूलों में हुई है। वहाँ का अनुशासन अनुकरणीय होता है। हर उस शिक्षा-संस्था ने जहाँ-जहाँ वे पढ़े हैं, उन बच्चों के आचरण की प्रशंसा की है। जहाँ तक कार चोरी करके ले जानेवाली बात का प्रश्न है, संबंधित प्रोफेसर ने अपनी शिकायत तभी वापस ले ली थी। ऐसा कहीं रिकॉर्ड नहीं मिलता कि वह कार उन्होंने ही चुराई। बिना सबूत के इस तरह के आरोप अवांछनीय होते हैं।

खासतौर से जबकि वे अध्यापक वर्ग की ओर से अपने ही छात्रों पर लगाए जा रहे हों। यह उनकी छात्र-विरोधी प्रवृत्ति दर्शाता है। बल्कि जिन छात्रों के नाम उप-समिति के विद्वान सदस्यों ने अपनी रिपोर्ट में लिए हैं उन्होंने वहाँ की बिगड़ी स्थिति को सँभालने में मदद की थी। किसी भी लड़की या उसके गार्जियन की उन बच्चों के विरुद्ध इस तरह की कोई भी शिकायत रिकॉर्ड पर नहीं है। फिर भला किस बिना पर उन्हें दोषी ठहराया जा सकता है। विचार-विमर्श के समय ये सब नाम भले ही आए हों परंतु मसौदा-समिति ने इन सबके नाम जोड़कर संस्थान के हित और छात्रों की एकता के विरुद्ध एक घृणित काम किया है। दंगा करनेवाले सभी छात्र बाहरी थे। ऐसा लगता है कि इस दुर्भाग्यपूर्ण घटना की गहराई में जाने के बजाय हमारे उन सदस्य-मित्रों ने सोचा होगा कि जो सामने आ जाए उसे सजा दिलाकर अपने द।यित्व की भरपाई कर लेना ही अपने को उत्तरदायित्व से सुबगदोष कर लेना होगा, चाहे सजा पानेवाला दोषी हो या न हो। जब नाम और आरोप गढ़ने ही थे और निर्दोषों को दोषी ठहराना ही था तो उन छात्रों के अभिभावकों या माता-पिताओं को ही क्यों छोड़ दिया गया ?

जहाँ तक उस पत्र का प्रश्न है यह स्पष्ट है कि उस पर किसी के हस्ताक्षर नहीं हैं। हम कितने नीचे गिर गए कि एक ऐसे पत्र के माध्यम से, जो अनाम है, अपने ही एक अत्यधिक सम्मानित प्रोफेसर को लांछित करने का प्रयत्न कर रहे हैं ! उसी को नहीं बल्कि उसके परिवार के सदस्यों को भी। अव्वल तो वह पत्र उनके अपने हस्तलेख में नहीं लिखा गया। यदि मान भी लिया जाए कि वह उनके हस्तलेख में ही है तो इस बात को प्रमाणित करने के लिए उन्हें स्वयं शिकायतकर्ता के रूप में उप-समिति के सामने उपस्थित होना चाहिए था। दूसरे, यदि किसी तरह रिकॉर्ड आदि से प्रमाणित कर भी दिया जाए तो क्या यह संभव नहीं कि उनसे प्रत्यावेदन लिखवाकर किसी ने भेज दिया हो ? क्योंकि वे इतने उदार और परोपकारी व्यक्ति थे कि किसी भी जरूरतमंद के किसी भी काम को वे कभी मना नहीं करते थे। उनके हाथ के लिखे प्रत्यावेदन यहाँ पर कई कर्मचारियों और साथियों की पत्रावलियों में आज भी लगे होंगे। उनकी इस गतिविधि के लिए संस्थान ने उनसे कई बार अपनी नाराजगी भी व्यक्त की थी। यह कहना कि उन्होंने इसी घटना के कारण त्यागपत्र दिया, एक कपोलकल्पित बात है। यह तो इत्तफाक है कि म्यूजिकल नाइट के अगले दिन वे अपने घर चले गए और फिर अपने पारिवारिक कारण से पद से इस्तीफा दे दिया। हम 'मसौदा समिति' की इस रिपोर्ट से पूर्णतया असहमत तो हैं ही, साथ ही इसमें छिपी अंतर्निहित भावना की निंदा करते हुए संस्तुति करते हैं कि इसे रद्दी

की टोकरी में फेंक दिया जाए।

विष्णु नारायण उस रिपोर्ट को पढ़कर हतप्रभ था। यह कैसे संभव है कि संस्थान के अध्यापकों के बीच एक ही मसले पर तथ्यात्मक मुद्दों को लेकर इतने परस्पर विरोधी विचार हों ? उसने इस रिपोर्ट के बारे में निदेशक को बताने की बात सोची तो उसे ध्यान आया कि जब उसे यहाँ आए जुम्मा-जुम्मा सात रोज हुए हैं और उसके पास रिपोर्ट की कॉपी आ गई तो यह कैसे संभव है कि निदेशक के पास न पहुँची हो ? उसे निदेशक की बात ध्यान आई। उन्होंने कहा था—यूनियन प्रेसीडेंट उन्हें चेतावनी दे गया था कि अगर किसी छात्र पर कोई कार्यवाही हुई तो वह विरोध करेगा विरोध का मतलब निदेशक के स्थायित्व के विरुद्ध काम करेगा यानी उनको स्थायी नहीं होने देगा। यह क्या अजीब स्थिति नहीं है ? क्या आगे चलकर यह सब उस पर लागू नहीं होगा ? डॉ. नवांश वगैरह तो अभी से तरह-तरह की बात कर रहे हैं। हो सकता है इसीलिए निदेशक ने इस रिपोर्ट का उससे जिक्र ही न किया हो....

उसकी नजर घड़ी पर गई। छह बज रहे थे। बाहर देखा तो दूर खड़े दरख्त दिन-भर की तरह दरख्त न रहकर उनकी परछाइयाँ होते जा रहे थे। कुछ भवन जो दूरी पर थे वे भी आकर मात्र बनने लगे थे। वह उठा और हमेशा की तरह जीने से उतरकर नीचे जाने लगा। उसे लगा कि सीढ़ी से सीढ़ी तक जो कटाव है, अँधेरा उसे भी समतल किए दे रहा है, नीचेवाली और ऊपरवाली सीढ़ी के बीच का लेबिल बराबर करता जा रहा है।

नीचे आने पर वही अँधेरा उसके शरीर पर मकड़ी के जाल की तरह लिपटता हुआ लगा।

घर पहुँचा तो अँधेरा बड़ी-बड़ी अट्टालिकाओं से ऊपर निकल गया था और आकाश में छा गया था। अँधेरे को देखते ही उसके दिमाग में हमेशा से यह सवाल उठता था कि यह अँधेरा चादर की तरह आकर ऊपर से ढकता है या नीचे धरती से बृहद् गिलाफ की तरह ऊपर चढ़ता चला जाता है। आदमी, जानवर, चिड़ियाँ, पेड़, झोंपड़ी, भवन यानी—हर चीज का वह मोजानुमा गिलाफ बन जाता है, और उसे आकंठ ढँक लेता है। दरअसल उसे यह इसलिए भी लगता है कि जहाँ दिन चाँदने से भरा रहता है; वहीं शाम होते-होते एक तरह का अँधेरा नीचे से उबजना शुरू होता है। यह भी हो सकता है कि दिन के दबाव में यह अँधेरा कोनों में दुबक जाता हो और उसके

कमजोर पड़ते ही वह बहिया की तरह आकर फैल जाता हो। दिन तो ऊपर से फैलता साफ दिखाई देता है पर रात…? रिक्शा से घर जाते हुए वह कभी-कभी खंभे की रोशनी के नीचे से गुजरा और कभी घमासान अँधेरे से जूझता हुआ बढ़ता रहा। अँधेरे का दबाव उसे पहाड़ से कम महसूस नहीं हो रहा था। साँस लेने तक की गुंजाइश नहीं थी। फिर कोई खंभा ऊपर से रोशनी की कटार लटकाता।

पूरी यात्रा के बाद घर पहुँचकर उसे राहत मिली। हालाँकि ऐसा नहीं कि अँधेरा न होकर वहाँ धूप फैली हो। लेकिन घर के लोग इंतजार की मुद्रा में दीवारों से टिके खड़े रहते हैं। कहीं-न-कहीं वे उसे जाड़े की धूप से भी ज्यादा निवाये महसूस होते हैं। उसका बेटा सो गया था। बड़ी बेटी को पत्नी होमवर्क करा रही थी। छोटी बेटी अपनी बुआ के पास बैठी उनका दिमाग चाट रही थी। बुआ आज बेहतर थीं। लेकिन विष्णु नारायण को लगा जैसे वह फिर उसकी तरफ देख रही हैं। उनकी आँखों में वही एक सवाल है ? उसने मुँह चुराना चाहा। लेकिन चुराता कैसे ? वे सबसे पहले उसके पास उठकर आईं, "आज बहुत देर कर दी ?"

उसे एकाएक लगा, अगर वह यह घर छोड़कर चला गया तो यह सवाल यहीं छूट जाएगा। वहाँ जाकर अगर कोई पूछेगा भी तो इस ढंग से नहीं, जिसमें आजिजी भी हो और चिंता भी। उसने हँसकर कहा, "एक तो नौकरी नाकिस दूसरे माहौल नावाकिफ, इसलिए वहाँ घुसना और वहाँ से निकलना दोनों ही तिलिस्म में घुसने और निकलने की तरह हैं।"

"ऐसा क्यों कहता है !" फिर वही भाव—आशंका और ममता से भरा हुआ।

उनकी बात पूरी होते ही छोटी बेटी ने पूछा, "पांपा यह क्या होता है— ?"

"क्या ?"

"यह जो आपने कहा ?"

विष्णु नारायण एकाएक समझ नहीं पाया कि उसने क्या कहा था और किस बारे में वह पूछ रही थी। लेकिन बड़ी बेटी अपनी होशियारी और काबिलियत का सिक्का जमाने के लिए तत्काल बोली—"इलामबाड़ा !"

विष्णु नारायण को एकाएक हँसी आ गई। लखनऊ में इमामबाड़ा घूमते हुए शायद बहुत दिन पहले गाइड ने बताया था कि यहाँ की भूलभुलैया पूरा तिलिस्म है। दीदी ने मुस्कराकर उसे शाबाशी देते हुए कहा, "रीता तो बहुत होशिशर हो गई—इतने दिन पहले की बात इसे अब तक याद है।"

'और हम ?…

विष्णु नारायण ने तुरंत ही हँसकर कहा, "तुम तो बेटी सबकी काकी हो

गई—ऐसा सबक याद करा देती हो कि भूले नहीं भूलता।''

तब तक पत्नी पानी ले आई थी। जैसे ही कोई घर में पहुँचता था सबसे पहले एक गिलास पानी आता था। यह परंपरा दीदी ने शुरू की थी और पत्नी उसे पूरी मुस्तैदी से निबाह रही थी। आते ही हँसकर बोली, ''हमेशा एक ही बात दोहरा देते हो—''

''मम्मी कौन-सी बात ?''

''अरे वही—जब तुम सोफे के पीछे छिपी थी और वहीं सो गई थी।''

''अच्छा—'' उसके चेहरे से लगा वह एकाएक बहुत महत्त्वपूर्ण हो गई है। बोली, ''हम तो खेल रहे थे—'' गनीमत थी कि उसने आगे कुछ नहीं कहा था।

सब हँस दिए। रामा चाय ले आई। चाय रखते हुए बोली, ''भाभीजी आपने भाई साहब को बता दिया ?'' घर के नौकरों को साहब और मेमसाहब की जगह भाई साहब और भाभीजी कहने की आदत भी दीदी की ही डाली हुई थी।

''क्या ?''

''थोड़ी देर पहले फोन आया था ना ?''

''अरे हाँ, वह तो मैं भूल ही गई थी—आपसे पहले आपके संस्थान से फोन पहुँच गया ? वहाँ से चल देते हो—रास्ते में कहाँ रुकते हुए आते हो ?'' पत्नी ने हँसकर कहा।

''अरे, आज तो इस फोन ने भंडा ही फोड़ दिया—'' विष्णु नारायण हँस तो दिया पर उसकी समझ में नहीं आया कि फोन किसका होगा।

रानी तत्काल बोली, ''भंडा क्या ?''

दीदी ने हँसकर समझाना चाहा, ''भंडा माने भेद—रहस्य—!''

''रहस्य क्या ?''

''तेरा सिर—'' पत्नी ने उसके सिर पर हल्की-सी टकोर लगाते हुए हँसकर कहा।

''रहस्य सिर होता !''

हँसते-हँसते सबके पेट दुःख गए। थोड़ा सँभला तो विष्णु नारायण ने उससे कहा, ''बड़ी होकर समझोगी भंडा क्या होता है ?''

रीता तत्काल बोली, ''मैं जानती हूँ भंडा क्या होता है—सब्जी होती है ना !''

''वह बंडा होता है—मूर्ख।'' दीदी ने उसे समझाते हुए कहा। रानी ने भी तत्काल वही सवाल दोहरा दिया, ''तो भंडा क्या होता है बुआ ?''

''भंडा होता है ढँका हुआ बर्तन—वह है नहीं चाय बनानेवाला बर्तन जो बंबई वाली बुआ लाई थीं—चाह चा भांडा। वह ढँका रहता है। जब तक खुले नहीं, पता नहीं चलता अंदर क्या है। जब पता चल जाता है अंदर क्या रखा था तो भंडा-फोड़

हो जाता है–है ना ?"

दोनों ने बड़ी जोर से सिर हिलाते हुए कहा, "अच्छा ऽऽ !" जैसे समझ ही गईं।

रानी तत्काल बोली, "वह तो साबुत है–?"

इस बार फिर हँसी आने को हुई। चूँकि फोन को लेकर विष्णु नारायण के मन में होनेवाली उधेड़-बुन काफी बढ़ चुकी थी इसलिए वह बीच ही में बोला, "किसका फोन था ?"

"यह तो बताया नहीं–कह रहे थे हम मिल लेंगे।"

"यह क्या बेवकूफोंवाली बात किया करती हो–आखिर पढ़ी-लिखी हो। नाम-पता पूछना चाहिए था–"

माहौल एकदम बदल गया। पत्नी एकाएक ऑफ हो गई, "तुम हमेशा बेवकूफ-बेवकूफ करते रहते हो–मैंने पूछा तो था–बताया ही नहीं।"

रानी खिसक गई थी।

"ओफ ओ जरा-सी बात मुँह से निकली नहीं कि तुम्हारा मूड खराब हुआ नहीं। देखिए दीदी भला मैंने ऐसा क्या कह दिया !"

दीदी बहुत दिन बाद इतने हल्के मूड में आई थीं। तत्काल बोलीं, "असी तो परदेस्सी हैं।"

विष्णु नारायण तत्काल बोला, "आज बहुत दिन बाद आपके मुँह से यह वाक्य सुना।" जब भी कभी उन दोनों के बीच कोई बात होती थी तो किसी की भी तरफदारी करने की स्थिति से बचने के लिए वे हमेशा यही कह देती थीं। चूँकि यह वाक्य चुटकुले से जुड़ा था इसलिए दोनों को हँसी आ जाती थी। मुद्दई को भी मुद्दायला को भी। उस दिन विष्णु नारायण का नौकरानी की उपस्थिति में एकाएक इस तरह कह देना पत्नी को बुरा लगा। दीदी की इस बात से शायद गुस्सा कुछ कम हुआ, परंतु चेहरा उसी तरह फूला रहा।

फोन फिर आया। विष्णु नारायण ने फोन सुनने के लिए कहा तो वह तत्काल तुनककर बोली, "अपने-आप सुन लो–फिर कहोगे बेवकूफ है– ।"

वह उठकर फोन सुनने लगा। उधर से जो बोल रहा था उसने न उसका नाम पूछा और न अपना बताया। बोलना चालू कर दिया। वह भी अँग्रेजी में।

"आप विष्णु नारायण हैं–नए ए. ओ.। बेवकूफी में मत पड़िए। आप कौन होते हैं रिपोर्ट मँगाकर पढ़नेवाले ! आप समझते हैं आपकी ये कारगुजारियाँ छिपी रह जाएँगी। ऐसा करके आपने अपने लिए मुसीबत बुला ली है–"

"आप अपना नाम तो बताइए–आखिर आप हैं कौन ? लगातार बोलते चले

जा रहे हैं। शिष्टाचार भी कुछ होता है।"

"आप हमें शिष्टाचार सिखाएँगे। यू स्वाइन। अगर आप चाहते हैं–आपकी नौकरी ठीक-ठाक चलती रहे तो अपने दिमाग से ए. ओ. होने का भूत निकाल दें। आप इस संस्थान के छात्रों और अध्यापकों के नौकर हैं–सक्सेना, मल्कानी और तिरखा वगैरह की तरह। वेतनभोगी नौकर। आप फैकल्टी को एडमिनिस्टर करने की कोशिश न कीजिए। यह शैक्षिक दुनिया है, उसमें आप जैसे गंदे प्रशासकीय चेहरों की कोई गुंजाइश नहीं। अगर सरकार ने इन पदों का प्रावधान न किया होता तो हम लोग आप-जैसे नापाक लोगों को यहाँ लाने की जहमत में कभी न पड़ते। वह जो रिपोर्ट तुम्हारे पास पहुँची है–ऐसी रिपोर्ट यहाँ बहुत लोगों के पास हैं। इससे पहले कि मैं रिसीवर रखूँ एक बात कहे देता हूँ–यह डायरेक्टर तो जानेवाला है–कहीं तुम्हारा बिस्तर भी इसी के साथ न बँध जाए–विधवा औरतों को पति के मरते ही बिस्तर समेत उसके साथ बाँध दिया जाता था–" हँसा और फोन रख दिया।

विष्णु नारायण ने रिसीवर की तरफ एक नजर देखा और वापस रख दिया।

"किसका फोन था ?" पत्नी ने पूछा।

"किसी का नहीं।"

"आखिर बात क्या है, तुम इतने टेन्स क्यों हो गए ?"

"नहीं, कोई बात नहीं।"

"बताते क्यों नहीं, कोई बात है जरूर। छिपा रहे हो। दफ्तर में कुछ हो गया ?"

"अरे भई नहीं–नहीं–ऐसा कुछ नहीं !"

तब तक दीदी भी दूसरे कमरे से आ गई थीं। आशीष जग गया था। उसे थपकने के लिए चली गई थीं। रानी और रीता दोनों उनकी धोती पकड़े-पकड़े साथ लगी थीं।

उन्होंने भी आकर वही पूछा, "किसका फोन था ?"

"पता नहीं, लगता है गलत फोन था। वह किसी और के भुलावे में बोल रहा था।"

"क्या कह रहा था ?" पत्नी ने पूछा।

"कुछ मतलब की बात कही हो तो बताऊँ।"

"बक-बक करता रहा और अपने आप ही रिसीवर रख दिया। –लगता है कोई पागल था।"

पत्नी ने कहा, "वही तो नहीं था जिसका फोन तुम्हारे आने से पहले आया था ? वह तो अच्छी-खासी अँग्रेजी बोल रहा था। उसने पूछा भी था कि क्या आप मिसेज नारायण बोल रही हैं ? मैंने पूछा आप कौन हैं तो उसने कहा हम फिर बात

कर लेंगे।"

"हो सकता है वही हो—लेकिन क्या अँग्रेजी बोलनेवाला पागल नहीं हो सकता ? एक अनजान आदमी किसी को यह बात पागलपन में ही कहेगा कि तुम अपनी खैर चाहते हो तो जैसे और लोग रहते हैं वैसे ही रहते रहो—कहाँ रहते हैं ? कौन हैं वे और लोग ? और फिर मेरा उनसे मतलब ही क्या है ?"

दीदी ने पूछा, "किसी से कहा-सुनी हो गई थी क्या ?"

"नहीं, ऐसी तो कोई बात नहीं। वैसे प्रशासन में थोड़ी-बहुत खींचातानी तो चलती ही रहती है। लगता है कुछ लोग निदेशक से नाराज हैं—उन्हीं की वजह से—हो सकता है—मुझसे भी नाराज हो गए हों। खैर छोड़ो—चाय लाओ।"

रानी और रीता चुपचाप टुकुर-टुकुर देख रही थीं। रानी एकाएक बोली, "कल हम भी चलेंगे आपके नए दफ्तर।"

दीदी धीरे से बोलीं, "वहाँ तो अब तुम सबको ही जाना है बेटी।"

"बुआ, आप नहीं चलेंगी ?"

"नहीं, वहाँ तुम्हारा घर हो जाएगा—यहाँ हमारा है—।"

"नहीं, हम बुआ को लेकर चलेंगे—।" रानी पैर पटकने लगी।

रीता बड़ों की तरह समझाते हुए बोली, "पापा की नौकरी वहाँ लग गई है—बुआ की नौकरी यहाँ है। हमें पापा के पास रहना पड़ेगा ना ! बुआ अकेले परेशान हो जाएँगी—यह समझती ही नहीं !"

"हाँ बेटी—तुम ठीक कह रही हो। यह तो भाग्य की बात थी कि इतने दिन साथ रह लिए। कभी तो यह होना ही था।"

विष्णु नारायण के सामने वही फिर भूला हुआ मंजर दोहरा गया। उनकी वे आँखें जो उस दिन अपने सवाल का जवाब पाने के लिए मुंतजर थीं, उसी तरह उठी की उठी फिर दिखाई पड़ने लगीं। दीदी रुकी नहीं। अंदर चली गईं। वह परेशान हो उठा।

पत्नी गर्म चाय लेकर आ गई थी। विष्णु नारायण चहलकदमी कर रहा था। रीता बैठी थी और उसकी आँखें पेंडुलम की तरह उसके साथ-साथ हिल रही थीं। रानी बुआ के साथ अंदर चली गई थी। उसकी आवाज आ रही थी : "बुआजी, आप रोती क्यों हैं ? हम आपके पास रहेंगे।"

"नहीं बेटी, बच्चे माँ-बाप के पास ही खुश रहते हैं।"

उसने कुछ और कहा तो बुआ ने उसे समझाते हुए कहा, "जैसे तुम अपने मम्मी-पापा के बच्चे हो—इसी तरह तुम्हारे पापा हमारे बच्चे हैं—हमें अपने बच्चे से

छूटते हुए दुःख हो रहा है—जब तुम लोग उनसे छूटोगे तो उन्हें दुःख होगा—यह कभी न रुकने वाला चक्र है।"

उसने पूछा, "चक्र क्या होता है ?" जवाब में कुछ सुनाई नहीं पड़ा। विष्णु नारायण ने गर्दन झुका ली। उसकी आँख से कंकड़ की तरह एक बूँद उसके चाय के प्याले में टप से टपक गई। जवाब में एक बूँद भरे चाय प्याले से सहसा उछल पड़ी।

पत्नी ने रात को फिर पूछा। लेकिन विष्णु नारायण ने यह कहकर फिर टाल दिया कि आज दिन-भर काम का बहुत दबाव रहा। इसलिए बहुत थका हूँ। अब सोने दो।

यह कई बार होता था कि पत्नी का मन बात करने का होता था और विष्णु नारायण अपने ही किसी-न-किसी आंतरिक दबाव के कारण करवट लेकर सो जाता था। एक तो कम बोलने की आदत, दूसरे थकान। पत्नी इस बात से दुःखी हो जाती थी। वैसे तो दिन-भर बाहर रहते हो। घर में आते हो तो आने-जाने वाले—लिखना-पढ़ना—बाकी सबके लिए समय है—! कमरे में आते ही नींद आ जाती है। आखिर शादी ही क्यों की थी ? उसके इस सवाल को उसने अपने मन में हमेशा न्यायोचित ठहराया था। जब भी कोई पत्नी अपने पति से इस तरह का सवाल करती है तो वह सवाल उसके संवेदात्मक असंतोष में भीगा होता है। उस सवाल का संतोषजनक उत्तर आज तक कोई पति नहीं दे पाया। हालाँकि पूछा इसीलिए जाता है कि पति उसका जवाब दे। अगर न दे पाए तो उस कमी की पूर्ति करे। इस बात में संतोष कैसे ढूँढ़ा जा सकता है कि किसी के पास उसका जवाब नहीं ? या तो यह कहो कि सवाल मूर्खतापूर्ण है या फिर यह—कि जिससे पूछा जा रहा है उसके लिए सवाल का कोई महत्त्व नहीं, या फिर वे सब इतने मूर्ख हैं कि इस सवाल के महत्त्व को ही नहीं समझते। हालाँकि पत्नी उस दिन चुप रही थी और करवट लेकर सो गई थी। उसे अंदर ही अंदर यही लगता रहा था कि वह आज भी नाराज हो गई। यही कारण था कि वह उन सब सवालों को लेकर उलझा रहा था। बीच-बीच में उसके दिमाग में टेलीफोन पर बोलती वह आवाज भी सुनाई देने लगती थी—वे लोग क्या उसे इस तरह डरा ले जाएँगे ? वह आप ही आप हँस दिया।

कभी-कभी टेलीफोनवाली वह आवाज उसे पहचानी-सी लगने लगती थी। लेकिन जल्दी ही पहचान का वह अहसास बिला जाता था।

लेकिन टेलीफोन पर दिया गया वह संदेश उस तक भरपूर पहुँच रहा था।

□□